Aesopische Fabeln

Zusammengestellt und ins Deutsche übertragen

von August Hausrath

Gefolgt von einer Abhandlung: Die Aesoplegende

Urtext und Übertragung

Im Ernst Heimeran Verlag, München 1944

Dritte (im Anhang gekürzte) Auflage. 6.—9. Tausend

Titelvignette nach einer Kertscher Vase (Baumeister, 1959)

Druck von H. Laupp jr in Tübingen

Εἰς εἰκόνα Αἰσώπου

Εὖ γε ποιῶν, Λύσιππε γέρων, Σικυώνιε πλάστα,
δείκελον Αἰσώπου στῆσαο τοῦ Σαμίου
ἑπτὰ σοφῶν ἔμπροσθεν, ἐπεὶ κεῖνοι μὲν ἀνάγκην
ἔμβαλον, οὐ πειθὼ φθέγμασι τοῖς σφετέροις.
ὃς δὲ σοφοῖς μύθοις καὶ πλάσμασι καίρια λέξας
παίζων ἐν σπουδῇ πείθει ἐχεφρονέειν.
φευκτὸν δ' ἡ τρηχεῖα παραίνεσις · ἡ Σαμίου δὲ
τὸ γλυκὺ τοῦ μύθου καλὸν ἔχει δέλεαρ.

anthol. Plan. 332 (Agathias).

Auf ein Bildnis Äsops

Wahrlich, greiser Lysipp, sikyonischer Künstler, du stelltest
richtig hinter Äsops Bild das der Weisen zurück.
Denn die Sieben belehren mit Zwang, doch mangelt den
Worten
die überredende Kraft, wie sie der Samier zeigt.
Er verkündet in weisen Märchen und Fabeln das Wahre
und in spielendem Ernst lehrt er vernünftig zu sein.
Weg mit den rauhen Geboten ! Die Sprache des Samiers aber
bietet des Märchens Reiz, das wie ein Köder uns lockt.

I. MYTHEN UND MÄRCHEN

1. Κηπωρὸς καὶ λάχανα

... ὁ κηπωρὸς λέγει τῷ Ξάνθῳ· „ἔα, κύριε, ἑνὸς γὰρ λόγου χρείαν ποιοῦμαι." ὁ δέ φησιν· „εἰπέ". καὶ ὁ κηπωρός· „καθηγητά, διὰ τί τὰ παρ' ἐμοῦ λάχανα σκαλιζόμενά τε καὶ ἀρδευόμενα καλῶς βραδεῖαν ἔχει τὴν αὔξησιν, τὰ δὲ ἀπὸ τῆς γῆς φυόμενά τε καὶ μηδαμῶς ἐπιμελούμενα ταχεῖαν ἔχει τὴν αὔξησιν;" ὁ δὲ ἀκούσας ἐμφιλόσοφον ζήτημα καὶ μηδαμῶς εὑρίσκων τοῦτο λῦσαι „ἡ θεία πρόνοια" ἔφη „τοῦτο ποιεῖ". ὁ δὲ Αἴσωπος ἀκούσας ἐγέλασεν. ὁ δὲ Ξάνθος λέγει πρὸς αὐτόν· „γελᾷς ἢ καταγελᾷς;" ὁ δὲ „καταγελῶ" φησιν „οὐ σοῦ, ἀλλὰ τοῦ διδάξαντός σε. τὰ γὰρ ὑπὸ θείας προνοίας γινόμενα ὑπὸ σοφῶν διαλύονται. ὑπόσχου οὖν, κἀγὼ διαλύσω αὐτό". ὁ δὲ Ξάνθος ἔφη τῷ κηπωρῷ· „κομψότατε, ἀπρεπές ἐστιν ἐμὲ τὸν ἐν τοσούτοις ἀκροατηρίοις διαλεχθέντα νῦν ἐν κήποις αἰνίγματα διαλύειν. παῖς δέ μοι ἀκολουθεῖ πολύπειρος. αὐτῷ προσανάθου καὶ διαλύσει τὸ ζήτημα." καὶ ὁ κηπωρός φησι· „οὗτος ὁ σαπρὸς γράμματα οἶδεν; οὐαὶ τῇ ἀτυχίᾳ μου". καὶ πρὸς τὸν Αἴσωπον λέγει· „εἰπέ, εἰ ἐπίστασαι."

καὶ ὁ Αἴσωπος· „τοῦτο ζητεῖς ἀκοῦσαι, διὰ ποίαν αἰτίαν τὰ φυτὰ εἰς τὴν γῆν βάλλεις καὶ ταῦτα ἐπιμελῶς ἐργάζῃ, τὰ δὲ ἄγρια ταχέως ἀναβαίνει καὶ μᾶλλον τῶν παρὰ σοῦ βαλλομένων· ἄκουσον. ὃν τρόπον γυνὴ πρὸς δεύτερον ἐρχομένη γά-

I. MYTHEN UND MÄRCHEN

1. Die Erde als Mutter und Stiefmutter

... Der Gärtner sprach zu Xanthos: „Bitte, Herr, ich habe eine Belehrung von dir nötig." „Sprich!", sagte der Philosoph. Und der Gärtner sprach: „Meister, wie kommt es, daß mein Gemüse, das gut gehackt und gewässert wird, so langsam gedeiht, das aber, was wild wächst und nicht betreut wird, so schnell?" Xanthos hörte dies tiefphilosophische Problem an, fand aber durchaus keine Lösung. Daher sagte er: „Das bewirkt die göttliche Vorsehung." Als das Äsop mitanhörte, mußte er lachen. Da fragte ihn Xanthos: „Lachst oder verlachst du?" „Ich verlache", sagte jener, „aber nicht dich, sondern deinen Lehrer. Denn die Weisen sind gerade dazu da, um das Walten der göttlichen Vorsehung zu erklären. Versprich mir die Freiheit, und ich werde das Problem lösen." Da sagte Xanthos zu dem Gärtner: „Du Witzbold, es schickt sich nicht für mich, der in so vielen Hörsälen disputiert hat, nun hier in den Gärten Rätsel zu lösen. Aber mir folgt hier ein gut bewanderter Sklave. Lege diesem das Problem vor, und er wird es lösen." Da sagte der Gärtner: „Was? Dieser Mistfink soll die Wissenschaft beherrschen? Wehe mir über mein Pech!" Und zu Äsop sagte er: „Nun wohl, zeig' an, ob du die Sache verstehst!"

Äsop sagte: „Du willst also folgendes wissen: Warum gedeihen die wilden Pflanzen rascher und besser als die, die du in die Erde pflanzst und sorgsam betreust? Nun höre, das ist genau wie bei einer Frau, die eine zweite Ehe ein-

μον, τέκνσ ἔχουσα ἐκ προτέρου ἀνδρός, εὗρε δὲ τὸν ἄνδρα ἐκ τῆς προ γέρας τεκνοῦντα· γίνεται οὖν ὧν μὲν ἐπιφέρεται μήτηρ, ὧν δὲ εὑρίσκεται μητρυιά. καὶ τούτων ἡ διαφορὰ γίνεται πολλή. τὰ γὰρ ἐξ αὐτῆς γεννηθέντα φιλοστόργως ἀνατρέφει, τὰ δὲ ἐξ ἀλλοτρίων ὠδίνων τεχθέντα μισεῖ καὶ ζήλῳ χρωμένη, περικόπτουσα μᾶλλον τὴν ἐκείνων τροφὴν τοῖς ἰδίοις δίδωσι τέκνοις. τὰ γὰρ ἴδια ὡς φύσει φιλεῖ, τὰ δὲ τοῦ ἀνδρὸς ὡς θέσει μισεῖ. τὸν αὐτὸν δὴ τρόπον κα᾿ ἡ γῆ τῶν μὲν αὐτομάτως φυομένων ἐστὶ μήτηρ, τῶν δὲ παρὰ σοῦ βαλλομένων μητρυιὰ καὶ μᾶλλον τὰ ἴδια τρέφει καὶ θάλπει ἢ τὰ παρὰ σοῦ φυτευθέντα· ὡς νόθοι γάρ εἰσιν."

ὁ δὲ κηπωρὸς ἀκούσας ταῦτα λέγει· „πίστευσόν μοι, πολύ με τῆς λύπης ἐκούφισας· ἔχε τὰ λάχανα δωρεάν. ἐὰν δέ τινος χρείαν ἔχῃς, ὡς εἰς ἴδιον παραγίνου κῆπον."

vita Aesopi edid. Westermann (W) 21

2. Αἴσωπος ἐν ναυπηγίῳ

Αἴσωπός ποτε ὁ λογοποιὸς σχολὴν ἄγων εἰς ναυπήγιον εἰσῆλθε· τῶν δὲ ναυπηγῶν σκωπτόντων τε αὐτὸν καὶ ἐκκαλουμένων εἰς ἀπόκρισιν ὁ Αἴσωπος ἔλεγε τὸ παλαιὸν χάος καὶ ὕδωρ γενέσθαι· τὸν δὲ Δία βουλόμενον καὶ τὸ τῆς γῆς στοιχεῖον ἀναδεῖξαι παραινέσαι αὐτῇ, ὅπως ἐπιτρὶς ἐκροφήσῃ τὴν θάλασσαν. „κἀκείνη ἀρξαμένη τὸ μὲν πρῶτον τὰ ὄρη ἐξέφηνεν, ἐκ δευτέρου δὲ ἐκροφήσασα καὶ τὰ πεδία ἀπεγύμνωσεν· ἐὰν δὲ δόξῃ αὐτῇ καὶ τὸ τρίτον ἐκπιεῖν τὸ ὕδωρ, ἄχρηστος ὑμῶν ἡ τέχνη γενήσεται."

C. F. Aes. 8

geht und bereits Kinder aus erster Ehe hat. Wenn nun auch der Mann Kinder aus erster Ehe hat, so zeigt sich die Frau als Mutter gegenüber den Kindern, die sie mitbringt, und als Stiefmutter gegenüber den Kindern, die sie vorfindet. Diejenigen, die sie selbst geboren hat, zieht sie liebevoll groß. Die aber, die fremden Wehen entstammen, haßt sie. Deshalb ist sie mißgünstig gegen sie, beschneidet ihnen die Nahrung und teilt den eigenen mehr zu. Denn die eigenen liebt sie als Gaben der Natur, die des Mannes aber haßt sie, weil sie der Menschensatzung entstammen. Ebenso ist die Natur die Mutter der Pflanzen, die von selbst wachsen, aber die Stiefmutter derer, die von dir gesetzt werden. Deshalb hegt und pflegt sie die eigenen besser als die von dir betreuten. Denn diese sind Stiefkinder für sie."

Als der Gärtner das gehört hatte, sagte er: „Glaube mir, du hast mich von einem schweren Kummer befreit. Nimm dies Gemüse als Geschenk! Und wenn du wieder etwas brauchst, komm in diesen Garten, als ob er dein eigener wäre!"

2. Die Erde und das Meer

Als der Fabulist Äsop einst gerade Muße hatte, ging er auf einen Werftplatz. Sofort machten sich die Schiffbauer an ihn, verspotteten ihn und forderten ihn auf, ihnen mit gleicher Münze heimzuzahlen. Da sprach Äsop: „Erst war nur das Chaos und die Gewässer. Zeus wollte aber auch das trockene Element zu seinem Rechte kommen lassen und forderte die Erde auf, zu dreien Malen das Wasser in sich einzuschlürfen. Die Erde tat so, und beim erstenmal erschienen die Berge, beim zweitenmal auch die Ebenen. Wenn sie aber zum drittenmal ansetzt und das Wasser gänzlich einschlürft, so wird eure Kunst unnütz sein."

3. Σελήνη καὶ μήτηρ

... πρὸς δὲ τοὺς φαύλους ἐρῶ λόγον τῆς ἐμαυτοῦ θυγατρός, ὃν πρὸς τὸν ἀδελφὸν εἶπε.

ἔφη γὰρ Σελήνην δεῖσθαί ποτε τῆς ἑαυτῆς μητρός, ὅπως αὐτῇ χιτώνιον ὑφήνῃ σύμμετρον. ἡ δ᾽ εἶπεν· „καὶ πῶς σύμμετρον ὑφήνω; νῦν μὲν γὰρ ὁρῶ σε πανσέληνον, αὖθις δὲ μηνοειδῆ, ποτὲ δ᾽ ἀμφίκυρτον."

Plut. septem sap. conv. 14

4. Προμηθεὺς πλάστης ἀνθρώπων

καὶ τοῦτο αὖ πάλιν Αἴσωπος λέγει· τὸν γὰρ πηλὸν αὐτῷ Προμηθεύς, ὀφ᾽ οὗ τὸν ἄνθρωπον διεπλάσατο, οὐκ ἐφύρατο ὕδατι, ἀλλὰ δακρύοις.

οὐχὶ οὖν ἐκκόπτειν αὐτὰ (ἡδονὴν καὶ λύπην) πειρᾶσθαι χρεών· ἀμήχανον γάρ. ... οὐ γὰρ ὁ θεὸς αὐτὰ ἐνεκεράσατο τῷ ἀνθρώπῳ, ὅπως λώβην τε καὶ αἶσχος αὐτῷ προσθείη, ἀλλὰ καὶ ταῦτα πρὸς διαμονὴν καὶ σωτηρίαν τοῦ γένους προσύφηνέ τε καὶ προσῳκοδόμησε τῇ ψυχῇ.

Themistius or. XXII

5. Προμηθεὺς καὶ ἄνθρωποι

Προμηθεὺς κατὰ πρόσταξιν Διὸς ἀνθρώπους ἔπλασε καὶ θηρία. ὁ δὲ Ζεὺς θεασάμενος πολλῷ πλείονα τὰ ἄλογα ζῷα ἐκέλευσεν αὐτὸν τῶν θηρίων τινὰ διαφθείραντα ἀνθρώπους μετατυπῶσαι. τοῦ δὲ τὸ προσταχθὲν ποιήσαντος συνέβη τοὺς ἐκ τούτων πλασθέντας τὴν μὲν μορφὴν ἀνθρώπων ἔχειν, τὰς δὲ ψυχὰς θηριώδεις.

C. F. Aes. 228

6. Ζεύς, Προμηθεύς, Ἀθηνᾶ, Μῶμος

Ζεὺς καὶ Προμηθεὺς καὶ Ἀθηνᾶ κατασκευάσαντες, ὁ μὲν ταῦρον, Προμηθεὺς δὲ ἄνθρωπον, ἡ δὲ οἶκον, Μῶμον κριτὴν εἵλοντο. ὁ δὲ φθονήσας τοῖς δημιουργήμασιν ἀρξάμενος

3. Des Mondes Kleid

... den Toren aber will ich ein Märchen mitteilen, das einmal meine Tochter ihrem Bruder erzählte.

Der Mond bat einst seine Mutter: „Webe mir doch ein passendes Kleid!" Sie antwortete: „Wie soll ich das anfangen? Bald bist du kugelrund, bald halbrund und bald sichelförmig!"

4. Die Tränensaat

Auch Folgendes sagt Äsop: Prometheus rührte den Lehm, aus dem er den Menschen schuf, nicht mit Wasser an, sondern mit Tränen.

Daher darf man auch nicht versuchen, Freude und Trauer auszutreiben; das wäre auch unmöglich. Denn die Gottheit mischte sie nicht dem Menschen bei, um ihm Schimpf und Schande anzutun, sondern sie verwebte sie mit ihm und baute sie in ihn ein, um dem Menschengeschlecht Dauer und Rettung zu verleihen.

5. Das Tier im Menschen

Auf Zeus' Befehl schuf Prometheus Menschen und Tiere. Als aber Zeus sah, daß der Tiere weit mehr waren als der Menschen, befahl er ihm, aus den Tieren einige zu Menschen umzuformen. Prometheus tat das, und so kommt es, daß mancher eine menschliche Gestalt hat, aber eine tierische Seele.

6. Momos als Kritiker

Zeus hatte den Stier geschaffen, Prometheus den Menschen und Athene das Haus, und nun verlangten sie von Momos sein Urteil. Der aber war neidisch auf die Schöp-

ἔλεγε· τὸν μὲν Δία ἡμαρτηκέναι τοῦ ταύρου τοὺς ὀφθαλμοὺς
ἐπὶ τοῖς κέρασι μὴ θέντα, ἵνα βλέπῃ, ποῦ τύπτει· τὸν δὲ Προ-
μηθέα, διότι τοῦ ἀνθρώπου τὰς φρένας οὐκ ἔξωθεν ἀπεκρέμασεν,
ἵνα μὴ λανθάνωσιν οἱ πονηροί. φανερὸν δὲ ᾖ, τί ἕκαστος κατὰ
νοῦν ἔχει. τρίτον δὲ ἔλεγεν, ὡς ἔδει τὴν Ἀθηνᾶν τῷ οἴκῳ
τροχοὺς ὑποθεῖναι, ἵνα, ἐὰν πονηρῷ τις παροικισθῇ γείτονι,
ῥᾳδίως μεταβαίνῃ. καὶ ὁ Ζεύς, ἀγανακτήσας κατ᾽ αὐτοῦ ἐπὶ
τῇ βασκανίᾳ, τοῦ Ὀλύμπου αὐτὸν ἐξέβαλεν.

C. F. Aes. 102

7. Πῆραι δύο

Θεῶν Προμηθεύς ἦν τις, ἀλλὰ τῶν πρώτων.
τοῦτον πλάσασθαί φασι δεσπότην ζῴων
ἄνθρωπον ἐκ γῆς, ἐκ δὲ τοῦ δύω πήρας
κρεμάσαι φέροντά φασι τῶν ἐν ἀνθρώποις
κακῶν γεμούσας, τὴν πρόσω μὲν ὀθνείων,
ἰδίων δὲ τὴν ὄπισθεν, ἥτις ἦν μείζων.
διό μοι δοκοῦσι συμφορὰς μὲν ἀλλήλων
βλέπειν ἀκριβῶς, ἀγνοεῖν δὲ τὰς οἴκοι.

Babrius ed. Crusius 66

8. Ζεὺς κριτής

Ὁ Ζεὺς τὸν Ἑρμῆν ἐγγράφειν ποτ᾽ ἀνθρώπων
ἐν ὀστράκοισι τὰς ἁμαρτίας πάσας
ἐκέλευσε κἀς κιβωτὸν αὐτὰ σωρεύειν
σταθεῖσαν αὐτοῦ πλησίην, ἐρευνήσας
ὅπως ἑκάστου τὰς δίκας ἀναπράσσῃ.
τῶν ὀστράκων δὲ κεχυμένων ἐπ᾽ ἀλλήλοις
τὸ μὲν βράδιον, τὸ δὲ τάχιον ἐμπίπτει
εἰς τοῦ Διὸς τὰς χεῖρας, εἴ ποτ᾽ εὐθύνοι.
τῶν οὖν πονηρῶν οὐ προσῆκε θαυμάζειν,
ἂν θᾶσσον ἀδικῶν ὀψέ τις κακῶς πράσσῃ.

Babr. 127

* 12 *

fungen der andern und sagte: „Ihr habt es alle versehen. Zeus hätte dem Stier die Augen an die Hörner setzen sollen, damit er auch sieht, wohin er stößt. Prometheus hätte das Innere des Menschen nach außen kehren sollen, damit die Schurken nicht die anderen betrügen könnten. Schließlich hätte Athene das Haus auf Räder stellen sollen, damit einer rasch umziehen könnte, wenn er einen schlechten Nachbar hat." Da ergrimmte Zeus über den hämischen Spötter und warf ihn aus dem Olymp.

7. Die zwei Ranzen

Prometheus zählte zu den alten Urgöttern.
Der schuf aus Erde als den Herrn der Tierwelt
den Menschen. Diesem aber, heißt es, hing er
zwei Ranzen über, die vollauf gefüllt sind
mit allen Fehlern, die dem Menschen anhaften.
Vorn hängt der Ranzen, der der lieben Mitwelt
Gebrechen anzeigt. Aber größer hängt hinten
der Sack der eigenen Fehler. Daher kommt es,
daß wir bei andern jeden Mißstand scharf sehen
und für die eignen Fehler völlig blind scheinen.

8. Zeus' Strafgericht

Dem Hermes gab einst Vater Zeus den Auftrag,
auf Schiefertafeln ihm der ganzen Menschheit
gesamte Sünden sorgsam aufzuzeichnen.
Dann hieß die Tafeln er in eine Holztruhe
ihn werfen, die bei seinem Götterthron stand,
damit er über jeden das Gericht spreche.
Doch weil dabei die Tafeln in der Holztruhe
bunt durcheinander fielen, kommt zum Urteil
die früher, jene später in des Zeus Hände.
So darf darüber man sich auch nicht aufhalten,
wenn oft ein Frevler spät erst sein Gericht findet.

9. Ἐλπὶς ἐν ἀνθρώποις

Ζεὺς ἐν πίθῳ τὰ χρηστὰ πάντα συλλέξας
ἔθηκεν αὐτὸν πωμάσας παρ' ἀνθρώπῳ.
ὁ δ' ἀκρατὴς ἄνθρωπος εἰδέναι σπεύδων,
τί ποτ' ἦν ἐν αὐτῷ, καὶ τὸ πῶμα κινήσας
διῆκ' ἀπελθεῖν αὐτὰ πρὸς θεῶν οἴκους
κἀκεῖ πέτεσθαι τῆς τε γῆς ἄνω φεύγειν.
μόνη δ' ἔμεινεν ἐλπίς, ἣν κατειλήφει
τεθὲν τὸ πῶμα. τοιγὰρ ἐλπὶς ἀνθρώποις
μόνη σύνεστι, τῶν πεφευγότων ἡμᾶς
ἀγαθῶν ἕκαστον ἐγγυωμένη δώσειν.

Babr. 58

10. Ἵππος, βοῦς, κύων καὶ ἄνθρωπος

Ζεὺς ἄνθρωπον ζωογονήσας ὀλιγοχρόνιον αὐτὸν ἐποίησεν·
ὁ δὲ τῇ ἑαυτοῦ συνέσει χρώμενος, ὅτε ἐνίστατο ὁ χειμών, οἶκον
ἑαυτῷ κατεσκεύαζε καὶ ἐνταῦθα διέτριβε. καὶ δή ποτε σφοδροῦ
κρύους γενομένου καὶ τοῦ Διὸς ὕοντος ἵππος ἀντέχειν μὴ δυνάμενος ἦκε δρομαῖος πρὸς τὸν ἄνθρωπον καὶ τούτου ἐδεήθη,
ὅπως σκέπῃ δέξηται αὐτόν. ὁ δ' οὐκ ἄλλως ἔφη τοῦτο ποιή-
σειν, ἐὰν μὴ τῶν ἰδίων ἐτῶν μέρος αὐτῷ δῷ. τοῦ δὲ ἀσμένως
παραχωρήσαντος παρεγένετο μετ' οὐ πολὺ καὶ βοῦς οὐδ'
αὐτὸς δυνάμενος ὑπομένειν τὸν χειμῶνα. ὁμοίως δὲ τοῦ ἀνθρώπου μὴ πρότερον ὑποδέξεσθαι φάσκοντος, ἐὰν μὴ τῶν
ἰδίων ἐτῶν ἀριθμόν τινα αὐτῷ παράσχῃ, καὶ αὐτὸς μέρος δοὺς
ὑπεδέχθη. τὸ δὲ τελευταῖον κύων ψύχει διαφθειρόμενος ἦκε,
καὶ τοῦ ἰδίου χρόνου μέρος αὐτῷ ἀπονείμας σκέπης ἔτυχε.
οὕτω τε συνέβη τοὺς ἀνθρώπους, ὅταν μὲν ἐν τῷ τοῦ Διὸς
χρόνῳ γένωνται, ἀκεραίους τε καὶ ἀγαθοὺς εἶναι· ὅταν δὲ εἰς
τὰ τοῦ ἵππου ἔτη γένωνται, ἀλαζόνας τε καὶ ὑψαύχενας
εἶναι· ἀφικνουμένους δὲ εἰς τὰ τοῦ βοὸς ἔτη ἀχθεινοὺς καὶ
ἐργατικοὺς ὑπάρχειν· τοὺς δὲ τὸν τοῦ κυνὸς χρόνον ἀνύοντας
ὀργίλους καὶ ὑλακτικοὺς γίνεσθαι.

C. F. Aes. 108

9. Die Hoffnung als Trösterin

Zeus schloß die Güter alle in ein Faß ein,
tat einen Deckel drauf und gab's dem Urmenschen.
Doch diesen plagte unbeherrscht die Neugier,
was wohl da drin sei, und den Deckel abhebend
ließ er zum Göttersaal die Güter aufsteigen,
die dort nun schweben und der Erde fernbleiben.
Allein die Hoffnung, rasch den Deckel zuwerfend,
gelang es ihm zu fangen. Daher blieb die
allein noch bei uns und verspricht uns immer
ein andres von den Gütern, die davonflogen.

10. Pferd, Rind, Hund und Mensch

Als Zeus den Menschen schuf, gab er ihm nur kurze Lebens-
zeit. Der aber brauchte seinen Verstand, und als der Winter
herannahte, baute er sich ein stattliches Gehöfte. Wie es nun
einmal sehr kalt wurde und Zeus den Regen vom Himmel
herabgoß, konnte das Pferd es im Freien nicht mehr aushalten.
So kam es denn im Galopp zu des Menschen Behausung
heran und bat um Aufnahme. Der sagte: „Ich will dich auf-
nehmen, aber unter der Bedingung, daß du mir einen Teil
deiner Lebensjahre abtrittst." Das Pferd war es zufrieden und
erhielt Stallung und Futter. Kurz darauf kam das Rind und
noch später der Hund, und mit beiden schloß der Mensch
den gleichen Vertrag. So kommt's, daß der Mensch, solange er in den Jahren steht, die ihm Zeus selbst verliehen
hat, unverdorben und gut ist. In den Jahren aber, die er vom
Roß hat, ist er hochmütig und üppig; in denen, die er vom
Rind hat, ist er ein gewaltiger Schaffer und in denen, die
ihm der Hund abtrat, mürrisch und bissig.

11. Κορυδός θάπτων τὸν πατέρα

Ἀμαθὴς γὰρ ἔφυς κοὐ πολυπράγμων οὐδ' Αἴσωπον πεπάττ|κας,
ὃς ἔφασκε λέγων κορυδὸν πάντων πρώτην ὄρνιθα γενέσθαι,
προτέραν τῆς γῆς, κἄπειτα νόσῳ τὸν πατέρ' αὐτῆς ἀποθνήσκειν·
γῆν δ' οὐκ εἶναι, τὸν δὲ προκεῖσθαι πεμπταῖον· τὴν δ' ἀποροῦσαν
ὑπ' ἀμηχανίας τὸν πατέρ' αὐτῆς ἐν τῇ κεφαλῇ κατορύξαι.

Aristoph. av. 471

12. Νυκτερὶς καὶ βάτος καὶ αἴθυια

Νυκτερὶς καὶ βάτος καὶ αἴθυια κοινωνίαν πρὸς ἀλλήλους στει-
λάμενοι ἐμπορεύεσθαι διέγνωσαν. καὶ ἡ μὲν νυκτερὶς ἀργύριον
δανεισαμένη εἰς μέσον κατέθηκεν, ἡ δὲ βάτος ἐσθῆτα ἐνεβάλετο,
ἡ δὲ αἴθυια τὸν χαλκὸν πριαμένη καὶ τοῦτον ἐνθεμένη ἔπλει.
χειμῶνος δὲ σφοδροῦ γενομένου καὶ τῆς νεὼς περιτραπείσης
πάντα ἀπολέσαντες αὐτοὶ ἐπὶ τὴν γῆν διεσώθησαν. καὶ ἡ μὲν
αἴθυια ἀπ' ἐκείνου τὸν χαλκὸν ζητοῦσα ἐπὶ τοῦ βυθοῦ δύνει,
οἰομένη ποτὲ εὑρήσειν· ἡ δὲ νυκτερὶς τοὺς δανειστὰς φοβουμένη
ἡμέρας μὲν οὐ φαίνεται, νυκτὸς δὲ ἐπὶ τὴν νομὴν ἔξεισιν· ἡ δὲ
βάτος τὰς ἐσθῆτας ἐπιζητοῦσα τῶν παριόντων ἐπιλαμβάνεται
τῶν ἱματίων προσδοκῶσα τῶν ἰδίων τι ἐπιγνώσεσθαι.

C. F. Aes. 181

* 16 *

11. Die fromme Haubenlerche

Schulbildung fehlt dir und Weltweisheit und du hast den
      Äsop nicht gebüffelt.
Der erzählt, wie bekannt, eine Lerche sei der erste der Vögel
      gewesen,
eh' die Erde noch war. Einer Krankheit sei dann der Vater
      der Lerche erlegen.
Der lag fünf Tage nun aufgebahrt — noch nicht war Erde
      vorhanden.
Dann habe die Lerche in äußerster Not ihn im eigenen Kopfe
      begraben.

12. Die Fledermaus, der Tauchervogel und der Dornstrauch

Die Fledermaus, der Tauchervogel und der Dornstrauch
waren ursprünglich Menschen und gründeten zusammen eine
Handelsgesellschaft. Der erste nahm Geld auf gegen hohe
Zinsen, der zweite steuerte eine Menge Kupfer bei und der
letzte einen ansehnlichen Posten Kleider. Damit rüsteten sie
ein Schiff aus und fuhren los. Aber als sie auf der hohen See
waren, erhob sich ein gewaltiger Sturm, und das Schiff kenterte. Sie verloren all ihr Hab und Gut und retteten sich nur
mit Mühe an den Strand. Die Götter aber hatten Mitleid
mit ihrer Verzweiflung und verwandelten den ersten in eine
Fledermaus, den zweiten in einen Tauchervogel und den
letzten in einen Dornstrauch. Seit der Zeit taucht am Strande
der Tauchervogel unablässig in die Tiefe in der Hoffnung,
endlich einmal sein Kupfer wiederzufinden. Die Fledermaus
hat Angst vor ihren Gläubigern; deshalb ist sie tags un-
sichtbar und geht nur in der Dunkelheit nach Nahrung aus.
Der Dornstrauch aber hält alle Vorübergehenden an den
Kleidern fest, um zu sehen, ob er nicht sein Eigentum wieder-
erkennt.

13. Κόκκυξ καὶ ὄρνιθες

... τῷ κόκκυγί φησιν Αἴσωπος ἐρωτῶντι τοὺς λεπτοὺς ὄρνι-
θας, ὅ, τι φεύγοιεν αὐτόν, εἰπεῖν ἐκείνους, ὡς ἔσται ποτὲ ἱέραξ.

Plut. vita Arati 30

14. Ἀετὸς καὶ βασιλίσκος

τούτων οὖν ἔχεσθαι δεῖ τῶν ἀνδρῶν καὶ τούτοις ἐμφύεσθαι,
μὴ καθάπερ ὁ Αἰσώπου βασιλίσκος ἐπὶ τῶν ὤμων τοῦ ἀετοῦ
κομισθεὶς αἰφνίδιον ἐξέπτη καὶ προέφθασεν, οὕτω τὴν ἐκείνων
δόξαν ὑφαρπάζοντας αὐτούς, ἀλλὰ παρ' ἐκείνων ἅμα μετ' εὐ-
νοίας καὶ φιλίας λαμβάνοντας, ὡς οὐδὲ ἄρξαι καλῶς τοὺς μὴ
πρότερον ὀρθῶς δουλεύσαντας, ᾗ φησιν ὁ Πλάτων, δυναμένους.

Plut. praec. rei publ. ger. 12

15. Non esse plus aequo petendum

Arbitrio si natura finxisset meo
genus mortale, longe foret instructius:
nam cuncta nobis attribuisset commoda,
quaecumque indulgens Fortuna animali dedit:
elephanti vires et leonis inpetum,
cornicis aevum, gloriam tauri trucis,
equi velocis placidam mansuetudinem,
et adesset homini sua tamen sollertia.
nimirum in caelo secum ridet Iuppiter,
magno haec consilio qui negavit hominibus,
ne sceptrum mundi raperet nostra audacia.
Ergo contenti munere invicti Iovis
fatalis annos decurramus temporis,
nec plus conemur quam sinit mortalitas.

Phaedr. app. 2

13. Der Kuckuck

Der Kuckuck fragte einst, so berichtet Äsop, die kleinen Vögel: „Warum flieht ihr vor mir?" Die antworteten: „O, wir wissen wohl: wenn du groß geworden bist, bist du ein Habicht."

14. Der Zaunkönig

Stolz stieg der Adler, so erzählt Äsop, in die Lüfte; aber auf seiner Schulter ließ sich der Zaunkönig in die Höhe tragen. Dann schoß er plötzlich hervor und triumphierte: „Ich fliege doch besser als du und verdiene es, König der Vögel zu heißen."

Das ist verkehrt gedacht (fügt Plutarch hinzu). Man darf nicht großen Männern ihren Ruhm entreißen wollen, sondern muß danach streben, daß sie uns aus freundschaftlichem Wohlwollen Ruhm und Ehre zuerteilen. Denn, wie Platon sagt, wer nicht richtig gedient hat, kann auch nicht richtig herrschen.

15. Wunsch und Bescheidung

Wenn die Natur nach meinem Sinn der Menschen Art
geschaffen hätte, stünden wir weit besser da.
Denn was mildtätig die Natur den Tieren gab
an Kräften, wäre alles unser Erbteil jetzt:
des Elefanten Riesenkraft, des Löwen Mut,
der Krähe Alter wie des finstern Stieres Trotz
und auch des schnellen Pferdes sanfter Sinn. Jedoch
der Mensch besäße zu dem allem den Verstand.
Vermutlich lächelt hoch im Himmel Jupiter,
weil er den Menschen klugen Sinnes dies versagt:
wir hätten ihm das Szepter dieser Welt geraubt!
Doch unbezwinglich ist die Macht des Jupiter.
Drum laßt, zufrieden mit der Gottheit Gaben, uns
durchmessen die uns vom Geschick geschenkte Zeit,
nicht mehr begehrend als was Menschenart vermag!

II. TIERFABELN

16. Ἴρηξ καὶ ἀηδών

νῦν δ' αἶνον βασιλεῦσιν ἐρέω φρονέουσι καὶ αὐτοῖς·
ὧδ' ἴρηξ προσέειπεν ἀηδόνα ποικιλόδειρον
ὕψι μάλ' ἐν νεφέεσσι φέρων ὀνύχεσσι μεμαρπώς·
ἡ δ' ἐλεὸν γναμπτοῖσι πεπαρμένη ἀμφ' ὀνύχεσσι
μύρετο· τὴν ὅγ' ἐπικρατέως πρὸς μῦθον ἔειπε·
„δαιμονίη, τί λέληκας; ἔχει νύ σε πολλὸν ἀρείων·
τῇ δ' εἶς, ᾗ σ' ἂν ἐγώ περ ἄγω καὶ ἀοιδὸν ἐοῦσαν,
δεῖπνον δ', αἴ κ' ἐθέλω, ποιήσομαι ἠὲ μεθήσω."
ὣς ἔφατ' ὠκυπέτης ἴρηξ, τανυσίπτερος ὄρνις.

Hes. op. 202

17. Ἀετός

ὧδ' ἐστὶ μύθων τῶν Λιβυστικῶν κλέος,
πληγέντ' ἀτράκτῳ τοξικῷ τὸν αἰετὸν
εἰπεῖν ἰδόντα μηχανὴν πτερώματος·
„τάδ' οὐχ ὑπ' ἄλλων, ἀλλὰ τῶν αὐτῶν πτεροῖς
ἀλισκόμεσθα."

Aesch. Myrmid. 139 N

18. Ἀετὸς καὶ ἀλώπηξ

Ἀετὸς καὶ ἀλώπηξ φιλίαν πρὸς ἀλλήλους σπεισάμενοι πλησίον ἑαυτῶν οἰκεῖν διέγνωσαν βεβαίωσιν φιλίας τὴν συνήθειαν ποιούμενοι. Καὶ δὴ ὁ μὲν ἀναβὰς ἐπί τι περίμηκες δένδρον ἐνεοττοποιήσατο· ἡ δὲ εἰσελθοῦσα εἰς τὸν ὑποκείμενον θάμνον ἔτεκεν. Ἐξελθούσης δέ ποτε αὐτῆς ἐπὶ νομὴν ὁ ἀετὸς ἀπορῶν τροφῆς καταπτὰς εἰς τὸν θάμνον καὶ τὰ γεννήματα ἀναρπάσας μετὰ τῶν αὐτοῦ νεοττῶν κατεθοινήσατο. Ἡ δ'

II. TIERFABELN

16. Gewalt geht vor Recht

Nunmehr sag' ich ein Gleichnis den Fürsten — sie deuten es
selbst wohl.
So zur Nachtigall sprach, der tönereichen, der Habicht,
die er hoch zu den Wolken entführt in den gierigen Klauen.
Jämmerlich klagte die Arme, zerfleischt von gebogenen Kral-
len,
aber in herrischem Tone entgegnet der Starke ihr also:
„Törin, was jammerst du doch? Ein Stärkerer ist's, der dich
fortträgt.
Du wirst gehen, wohin ich dich führe — so schön du auch
singest.
Lüstet es mich, so wirst du mein Mahl, sonst magst du ent-
rinnen."
Also sagte der hurtige Vogel mit mächtigen Schwingen.

17. Durch eigene Schuld

Von Libyens Fabeln ist dies die berühmteste:
Den Adler traf der schlank gespitzte Todespfeil.
Verwundert sah er des Geschosses Federung
und sprach: „So fing mich keiner andern Federn Kraft,
nein, meiner eignen."

18. Bestrafter Treubruch

Adler und Fuchs machten Freundschaft und beschlossen
auch, nahe beieinander zu wohnen. Denn das, glaubten sie,
würde die Freundschaft nur stärken. Der Adler baute nun
sein Nest in den Wipfeln eines hohen Baumes, und der
Fuchs schuf seinen Jungen ein Lager unter einem nahe-
gelegenen Busche. Als aber der Fuchs einst jagen gegangen
war, fehlte es dem Adler an Nahrung für seine Jungen. Da

ἀλώπηξ ἐπανελθοῦσα ὡς ἔγνω τὸ πραχθέν, οὐ μᾶλλον ἐπὶ τῷ
τῶν νεοττῶν θανάτῳ ἐλυπήθη, ὅσον ἐπὶ τῆς ἀμύνης· χερσαία
γὰρ οὖσα πετεινὸν διώκειν ἠδυνάτει. διόπερ πόρρωθεν στᾶσα,
ὃ μόνον τοῖς ἀσθενέσι καὶ ἀδυνάτοις ὑπολείπεται, τῷ ἐχθρῷ
κατηρᾶτο. Συνέβη δ᾽ αὐτῷ τῆς εἰς τὴν φιλίαν ἀσεβείας οὐκ εἰς
μακρὰν δίκην ὑποσχεῖν. θυόντων γάρ τινων αἶγα ἐπ᾽ ἀγροῦ
καταπτὰς ἀπὸ τοῦ βωμοῦ σπλάγχνον ἔμπυρον ἀνήνεγκεν· οὗ
κομισθέντος εἰς τὴν καλιὰν σφοδρὸς ἐμπεσὼν ἄνεμος ἐκ λεπτοῦ
καὶ παλαιοῦ κάρφους λαμπρὰν φλόγα ἀνῆψε· καὶ διὰ τοῦτο
καταφλεχθέντες οἱ νεοττοὶ (καὶ γὰρ ἦσαν ἔτι ἀπτῆνες οἱ ἀετι-
δεῖς) ἐπὶ τὴν γῆν κατέπεσον. Καὶ ἡ ἀλώπηξ προσδραμοῦσα ἐν
ὄψει τοῦ ἀετοῦ πάντας αὐτοὺς κατέφαγεν.

C. F. Aes. 1

Die Vorlage dieser Prosaerzählung war ein Gedicht
des Archilochos, von dem folgende Bruchstücke erhalten sind:

18 a.

Αἶνός τις ἀνθρώπων ὅδε,
ὡς ἄρ᾽ ἀλώπηξ καἰετὸς ξυνωνίην
ἔμειξαν.

. . .

προὔθηκε παισὶ δεῖπνον αἰηνὲς φέρων

. . .

ὁρᾷς ἵν᾽ ἔστ᾽ ἐκεῖνος ὑψηλὸς πάγος
τρηχύς τε καὶ παλίγκοτος;
ἐν τῷ κάθημαι σὴν ἐλαφρίζων μάχην.

. . .

schoß er denn herab in den Busch, raubte die kleinen Füchslein, und er und seine Jungen verzehrten sie. Der Fuchs
kam heim und sah, was vorgefallen war. Mehr noch als der
Tod seiner Jungen schmerzte es ihn, daß er sich nicht rächen
konnte. Denn wie sollte er, der Erdbewohner, den Vogel verfolgen? So tat er denn das, was auch den Schwachen möglich ist: er stand von ferne und verfluchte seinen Feind. —
Aber nicht lange darauf sollte der Adler dafür büßen, daß
er die Freundschaft verraten hatte. Landleute opferten nämlich auf dem Felde eine Ziege. Da flog der Adler herbei und
raubte vom Altar ein Stück des Opfertiers, ohne zu be-
merken, daß er auch ein glühendes Holzscheit mitschleppte.
Als er die Beute in sein Nest geworfen hatte, sprang ein
frischer Wind auf, und bald stand das Nest, das aus dürrem
Reisig gebaut war, in hellen Flammen. Die jungen Adler
aber, die noch nicht flügge waren, fielen halb verbrannt zu
Boden. Da eilte der Fuchs herbei und fraß sie alle auf vor
den Augen des Adlers.

18 a.

Ein Märchen ist bei uns im Schwang,
wie sich der Adler und der Fuchs zum Freundschaftsbund
   zusammenfanden
. . . . . .
   und treulos raubte sie der Aar
und setzte sie seinen Jungen vor als grauses Mahl
. . . . . .

(aus der Hohnrede des Adlers)
schau hin, wo jene hohe Klippe ragt,
   so schroff und so unnahbar steil —
dort hause ich und achte deiner Fehde nicht.
. . . . . .

λαιψηρὰ κύκλωσον πτερά,
ἀρθεῖσά τ᾽ ἐκ γῆς πρὸς τὸν ὑψηλὸν πάγον
ἀνίπτασ᾽.

. . .

ὦ Ζεῦ, πάτερ Ζεῦ, σὸν μὲν οὐρανοῦ κράτος,
σὺ δ᾽ ἔργ᾽ ἐπ᾽ ἀνθρώπων ὁρᾷς
λεωργὰ καὶ θεμιστά, σοι δὲ θηρίων
ὕβρις τε καὶ δίκη μέλει.

Archil fr. 89—94 D

19. Ἀετὸς καὶ κάνθαρος

ἀπαγόμενος δὲ ὁ Αἴσωπος ἔφη· „ἀκούσατέ μου, ἀδελφοὶ
Δελφοί· λαγωός ποτε ὑπὸ ἀετοῦ διωκόμενος κατέφυγεν εἰς
κοίτην κανθάρου δεόμενος αὐτοῦ διασωθῆναι. ὁ δὲ κάνθαρος
ἱκέτευε τὸν ἀετὸν μὴ ἀνελεῖν τὸν ἱκέτην καὶ ἐξώρκιζεν αὐτὸν κατὰ
τοῦ μεγάλου Διὸς μὴ καταφρονῆσαι αὐτοῦ τῆς σμικρότητος.
ὀργῆς δὲ πλησθεὶς ὁ ἀετὸς καὶ θυμοῦ ταῖς πτέρυξι ῥαπίσας τὸν
κάνθαρον ἁρπάσας τὸν λαγωὸν κατέφαγεν. ὁ δὲ κάνθαρος ἐμ-
πλακεὶς συνεπετάσθη τῷ ἀετῷ καὶ παρατηρησάμενος τὴν νοσ-
σιὰν διέφθειρεν αὐτοῦ τὰ ᾠά. ὁ δὲ ἀετὸς ἐδεινοπάθει ἐπὶ τῇ
διαφθορᾷ τῶν ἰδίων ᾠῶν καὶ ἐζήτει τὸν τοῦτο τολμήσαντα
πιάσαι. τοῦ δὲ καιροῦ πάλιν ἐλθόντος εἰς ὑψηλότερον ἐνεοττο-
ποίησε τόπον. ὁ δὲ κάνθαρος τὰ αὐτὰ διαπραξάμενος πάλιν
τὰ ᾠὰ διέφθειρεν. ἐλθὼν δὲ ὁ ἀετὸς καὶ τὸ συμβὰν εὑρηκὼς
ἐθρήνει λέγων ἐκ θεῶν εἶναι τὸν χόλον, ἵνα τὸ γένος τῶν ἀετῶν
σπανισθῇ. τοῦ δὲ καιροῦ πάλιν ἀνοίξαντος δυσφορῶν ὁ ἀετὸς
οὐκέτι εἰς τὰς νοσσιὰς ἔθηκε τὰ ᾠὰ ἀλλ᾽ ἀναβὰς ἐπὶ τὰ τοῦ
Διὸς γόνατα ἱκέτευε λέγων· „δεύτερον ἤδη ἠρήμωμαι. τὸ δὲ τρίτον σοὶ τὰ ᾠὰ παρατίθημι, ἵνα αὐτὰ διατηρήσῃς", καὶ ἔθηκεν
αὐτὰ ἐπὶ τοῖς τοῦ Διὸς γόνασιν. ὁ δὲ κάνθαρος ἐπιγνοὺς τὸ γενόμενον κατέπασσεν ἑαυτῷ πλῆθος κόπρου καὶ ἀναβὰς πρὸς τὸν
Δία καὶ περινοστήσας διετινάξατο τὸν κόπρον ἐπὶ τὸ τοῦ Διὸς
πρόσωπον. ὁ δὲ ἀναπηδήσας ἐπιλαθόμενος, ὅτι ἐν τῷ κόλπῳ

reg' drum auch schnelle Flügel du
und schwing zu dieser Klippe dich hinauf!
. . . . . .

(Gebet des Fuchses)
Zeus, Vater Zeus, du herrschest in des Himmels Höh'n
und siehst von dort der Menschen Tun,
so Recht wie Unrecht. Auch der Tiere waltest du,
der Frevler wie der Frommen . . .

19. Die Rache des Schwachen

Als Äsop von den Delphern zum Richtplatz geführt wurde,
sprach er zu ihnen: „Höret mich, Brüder aus Delphi!
Ein Adler verfolgte einst einen Hasen. Da dieser sonst
nirgendwo einen Helfer sah, wandte er sich schutzflehend
an einen Mistkäfer. Dieser sprach ihm Mut ein und bat den
Adler, er möge ihn nicht seiner Kleinheit wegen verachten.
Er beschwor ihn beim großen Zeus, das Schutzrecht zu
ehren. Der Adler aber wurde zornig, warf den Mistkäfer
mit einem Flügelschlag beiseite, raubte den Hasen und ver-
zehrte ihn. Der Mistkäfer aber verkroch sich in das Gefieder des Adlers und ließ sich von diesem zu dessen Nest
tragen. Dann kroch er hinein und wälzte die Eier des Adlers
über den Rand des Nestes, so daß sie zur Erde fielen und
zerbrachen. Der Adler aber nahm sich den Verlust seiner
Brut zu Herzen und brütete das nächstemal an einem höher
gelegenen Platz. Aber auch dorthin flog ihm der Mistkäfer
nach und zerstörte wiederum die Brut. Nun war der Adler
ratlos, flog hinauf zu Zeus und flehte den an: „Schon zum
zweitenmal bin ich meiner Brut beraubt worden. Nun ver-
traue ich sie dir an, damit du sie bewachst." Sprach's und
legte seine Eier auf die Knie des Zeus. Der Mistkäfer aber
ballte eine Kugel aus Mist, flog in die Höhe und ließ sie

βαστάζει τὰ τοῦ ἀετοῦ ὠά, ῥίψας αὐτὰ κατέαξε. μαϑὼν δὲ
παρὰ τοῦ κανϑάρου τὴν τοῦ ἀετοῦ ἀδικίαν καὶ τὴν τοῦ κανϑάρου παραπόνησιν τῷ ἀετῷ ὠργίσϑη. „ἀλλ' οὐκ ἐμὲ μόνον
ἠδίκησεν" ἔφη ὁ κάνϑαρος, „ἀλλὰ καὶ εἰς σὲ ἠσέβηκεν· ὁρκισϑεὶς
γὰρ οὐκ ἐπείσϑη, ἀλλὰ τὸν ἱκέτην ἀπέκτεινεν. οὐ παύσομαι δέ,
εἰ μὴ τελείως αὐτὸν ἐκριζώσω." καὶ δὴ παραγενομένου τοῦ
ἀετοῦ ὁ Ζεὺς ἔφη· „δίκαιος ἀπώλεσας τὰ τέκνα σου· κάν-
ϑαρός ἐστιν ὁ τιμωρήσας σε." συνεβούλευε οὖν τῷ κανϑάρῳ
διαλλαγὰς πρὸς τὸν ἀετὸν ϑέσϑαι. τοῦ δὲ μὴ βουλομένου ὑπα-
κοῦσαι ὁ Ζεὺς μὴ ϑέλων τὸ τῶν ἀετῶν γένος σπανισϑῆναι
μετέβαλε τὸν τοκετὸν τῶν ἀετῶν, ἡνίκα ἂν μὴ φαίνωνται
κάνϑαροι.

καὶ ὑμεῖς οὖν, ὦ ἄνδρες Δελφοί, μὴ ἀτιμάσητε τοῦτον δὴ
τὸν ϑεόν, εἰς ὃν κατέφυγον, εἰ καὶ μικροῦ τετύχηκεν ἱεροῦ.
οὐδὲ γὰρ ἀσεβηϑεὶς περιόψεται."

vita Aes. E 54 Perry 16

20. Aquila, feles et aper

Aquila in sublimi quercu nidum fecerat;
feles cavernam nancta in media pepererat;
sus nemoris cultrix fetum ad imam posuerat.
tum fortuitum feles contubernium
fraude et scelesta sic evertit malitia.
ad nidum scandit volucris: 'Pernicies', ait,
'tibi paratur, forsan et miserae mihi;
nam fodere terram quod vides cotidie
aprum insidiosum, quercum vult evertere,
ut nostram in plano facile progeniem opprimat'.
terrore offuso et perturbatis sensibus

auf das Antlitz des Zeus niederfallen. Zeus sprang auf, um
den Schmutz abzuschütteln, und dachte dabei nicht an die
Eier des Adlers. So fielen diese zur Erde und zerbrachen.
Dann aber erzählte der Mistkäfer dem Zeus, wie der Adler
gefrevelt habe und wie er sich vergebens bemüht habe, ihn
daran zu hindern. „Und er hat nicht allein gegen mich gefrevelt", fuhr er fort, „sondern auch gegen dich. Denn obgleich ich ihn bei dir beschwor, tötete er den Schutzflehen-
den. Ich aber werde nicht ruhn, bis ich sein ganzes Geschlecht ausgerottet habe." Da ergrimmte Zeus gegen den
Adler und sprach zu ihm: „Mit Recht hast du deine Kinder
verloren. Das ist die Rache des Mistkäfers." Weil er aber
doch nicht wollte, daß das Geschlecht der Adler aussterbe,
riet er dem Mistkäfer, sich mit dem Adler zu versöhnen.
Da der aber das hartnäckig verweigerte, verlegte er die Brut-
zeit des Adlers in die Monate, wo die Mistkäfer nicht schwär-
men.

Mißachtet auch ihr, Männer von Delphi, nicht den Gott,
in dessen Heiligtum ich mich geflüchtet habe, wenn es auch
klein ist. Denn, wenn ihr gegen ihn frevelt, wird er es nicht
ungeahndet lassen."

20. Der Adler, die Katze und das Wildschwein

Hoch in der Eiche Wipfel war des Adlers Nest,
des Stammes hohle Mitte barg der Katze Brut,
und an den Wurzeln hegt die Wildsau ihre Zucht.
Doch bald zerstört der ränkevollen Katze Trug,
was so der Zufall nachbarlich zusammenführt.
Sie steigt zum Nest des Adlers auf und spricht zu ihm:
„Verderben droht dir und vielleicht mir Armen auch.
Das schlimme Wildschwein wühlt den Grund auf Tag für
es will die Eiche fällen und dann unsre Brut   [Tag:
vernichten, wenn sie mit dem Stamm am Boden liegt."
Nachdem sie so des Adlers Sinn durch Angst verwirrt,

derepit ad cubile saetosae suis:
'Magno', inquit, 'in periclo sunt nati tui;
nam simul exieris pastum cum tenero grege,
aquila est parata rapere porcellos tibi.'
hunc quoque timore postquam conplevit locum,
dolosa tuto condidit sese cavo.
inde evagata noctu suspenso pede,
ubi esca se replevit et prolem suam,
pavorem simulans prospicit toto die.
ruinam metuens aquila ramis desidet;
aper rapinam vitans non prodit foras.
quid multa? Inedia sunt consumpti cum suis
felisque catulis largam praebuerunt dapem.

Quantum homo bilinguis saepe concinnet mali,
documentum habere stulta credulitas potest.

Phaedr. II 4

21. Λέων, ἀλώπηξ καὶ ἔλαφος

Λέων νοσήσας ἐν φάραγγι πετραίῃ
ἔκειτο νωθρὰ γυῖα γῆς ἐφαπλώσας,
φίλην δ' ἀλώπεκ' εἶχεν, ᾗ προσωμίλει.
ταύτῃ ποτ' εἶπεν· „εἰ θέλεις με σὺ ζώειν·
πεινῶ γὰρ ἐλάφου τῆς ὑπ' ἀγρίαις πεύκαις
κεῖνον τὸν ὑλήεντα δρυμὸν οἰκούσης,
καὶ νῦν διώκειν ἔλαφον οὐκέτ' ἰσχύω·
σὺ δ' ἢν θελήσῃς, χεῖρας εἰς ἐμὰς ἥξει
λόγοισι θηρευθεῖσα σοῖς μελιγλώσσοις."
ἀπῆλθε κερδώ, τὴν δ' ὑπ' ἀγρίαις ὕλαις
σκιρτῶσαν εὗρε μαλθακῆς ὑπὲρ ποίης.
προσέκυσε δ' αὐτὴν πρῶτον, εἶτα καὶ χαίρειν
προσεῖπε, χρηστῶν τ' ἄγγελος λόγων ἥκειν.
„ὁ λέων", ἔφασκεν, „οἶσθας, ἔστι μοι γείτων,
ἔχει δὲ φαύλως, κἀγγύς ἐστι τοῦ θνήσκειν.
τίς οὖν μετ' αὐτὸν θηρίων τυραννήσει,

steigt zu der borstigen Wildsau Lager sie herab.
„Gar sehr gefährdet", spricht sie, „scheint mir deine Zucht.
Der Adler will die kleinen Ferkel rauben dir,
sobald du mit den großen auf die Weide gehst."
Nachdem sie hier auch Furcht und Schrecken ausgestreut,
verschließt sie listig sich in ihrem sichern Bau.
Nachts klettert heimlich sie herab mit leisem Fuß
und schafft für sich und ihre Jungen Nahrung bei,
tags schaut sie ängstlich bald hinauf und bald herab.
Der Aar verläßt den Baum nicht, der zu fallen droht,
das Schwein sein Loch nicht, weil ihm vor dem Räuber bangt.
Kurz, sie verhungern beide dort mit ihrer Brut,
den Kätzlein aber boten sie ein leckeres Mahl.

Was oft ein doppelzüngiger Mensch für Unheil schafft,
kannst, blöde Torheit, du aus diesem Beispiel sehn.

21. Hirschherz

Krank lag der alte Löwe in der Felshöhle,
die matten Glieder auf dem Boden ausstreckend,
und nur das Füchslein war bei ihm, sein Liebling.
Zu diesem sprach er: „Willst du mich vom Tod retten?
Ich hungre nach dem Hirsche, der im Walddickicht
dort unter jener finstren Tannen Schirm haust.
Zur Hirschjagd fehlt es leider jetzt an Kraft mir,
doch, wenn du willst, wird er mir in die Hand fallen,
da deiner Reden Honigseim ihn leicht ködert."
Der Schlaukopf ging. Er fand den Hirsch am Tanndickicht,
wo er auf fetter Wiese froh umhersprang.
Er warf sich vor ihm nieder, bot den Gruß ihm
und sagte, daß er ihm ein großes Glück bringe.
„Du weißt, der Löwe", sprach er, „ist mein Nachbar,
doch geht's ihm schlecht: er wird wohl bald ins Gras beißen.
Nun fragte er mich jüngst, wer wohl sein Nachfolger

διεσκοπεῖτο. ‚σῦς μέν ἐστιν ἀγνώμων,
ἄρκτος δὲ νωθής, πάρδαλις δὲ θυμώδης,
τίγρις δ' ἀλαζὼν καὶ τὸ πᾶν ἐρημαίη.
ἔλαφον τυραννεῖν ἀξιωτάτην κρίνω·
γαύρη μὲν εἶδος, πολλὰ δ' εἰς ἔτη ζώει,
κέρας δὲ φοβερὸν πᾶσιν ἑρπετοῖς φύει,
δένδροις ὅμοιον, κοὐχ ὁποῖα τῶν ταύρων.‛
τί σοι λέγω τὰ πολλά; πλὴν ἐκυρώθης,
μέλλεις τ' ἀνάσσειν θηρίων ὀρειφοίτων.
τότ' ἂν γένοιτο τῆς ἀλώπεκος μνήμη,
δέσποινα, τῆς σοι τοῦτο πρῶτον εἰπούσης.
ταῦτ' ἦλθον. ἀλλὰ χαῖρε, φιλτάτη. σπεύδω
πρὸς τὸν λέοντα, μὴ πάλαι με ζητήσῃ —
χρῆται γὰρ ἡμῖν εἰς ἅπαντα συμβούλοις·
δοκῶ δὲ καὶ σέ, τέκνον, εἴ τι τῆς γραίης
κεφαλῆς ἀκούεις. ἔπρεπέ σοι παρεδρεύειν
ἐλθοῦσαν αὐτῷ καὶ πονοῦντα θαρσύνειν.
τὰ μικρὰ πείθει τοὺς ἐν ἐσχάταις ὥραις·
ψυχαὶ δ' ἐν ὀφθαλμοῖσι τῶν τελευτώντων.'‛
ὡς εἶπε κερδώ. τῆς δ' ὁ νοῦς ἐχαυνώθη
λόγοισι ποιητοῖσιν, ἦλθε δ' εἰς κοίλην
σπήλυγγα θηρός, καὶ τὸ μέλλον οὐκ ᾔδει.
λέων δ' ἀπ' εὐνῆς ἀσκόπως ἐφορμήσας
ὄνυξιν οὔατ' ἐσπάραξεν ἀκραίοις,
σπουδῇ διωχθείς· τὴν δὲ φύζα δειλαίην
θύρης κατιθὺς ἦγεν εἰς μέσας ὕλας.
κερδὼ δὲ χεῖρας ἐπεκρότησεν ἀλλήλαις,
ἐπεὶ πόνος μάταιος ἐξανηλώθη.
κἀκεῖνος ἐστέναξε τὸ στόμα βρύχων
(ὁμοῦ γὰρ αὐτὸν λιμὸς εἶχε καὶ λύπη),
πάλιν δὲ κερδὼ ἱκέτευε φωνήσας
ἄλλον τιν' εὑρεῖν δεύτερον δόλον θήρης.
ἡ δ' εἶπε κινήσασα βυσσόθεν γνώμην·
„χαλεπὸν κελεύεις, ἀλλ' ὅμως ὑπουργήσω.“
καὶ δὴ κατ' ἴχνος ὡς σοφὴ κύων ᾖει,

im Tierreich würde. ‚Ja, das Schwein ist stumpfsinnig,
der Bär ist lahm, der Panther gar zu jähzornig,
der Tiger ist ein Prahlhans und Herumtreiber.
Der Herrschaft', sprach er, ‚scheint mir nur der Hirsch würdig.
Er ist von Ansehn prächtig, und er lebt lange.
Auch sein Geweih ist aller Kreatur Schrecken,
gleicht einem Baume, nicht den stumpfen Stierhörnern.'
Was schwatz' ich viel? Mit einem Wort: dich wählt er,
und herrschen wirst du ob des Waldes Tierscharen.
Dann magst du, Herr, auch einmal an den Fuchs denken,
der dir als erster diese Botschaft ansagte.
Nur deshalb kam ich, Liebster. Doch leb wohl nun,
ich eile, daß der Löwe nicht umsonst sich
nach mir nun umsieht. Bin ich doch sein Ratgeber
in allen Dingen! Und so wirst auch du's halten,
so hoff' ich, wenn du dieses graue Haupt ehrst.
Doch höre jetzt schon: Wäre es nicht ratsam,
du gingst zum Löwen mit und sprächst ihm Trost ein
in seinem Elend? Gar Geringes gibt oft
im letzten schweren Augenblick den Ausschlag.
Die Seele liest man in dem Aug' der Todkranken!"
So sprach der Schlaukopf. Und durch seine Trugworte
ließ sich der Hirsch betören. Ohne Argwohn
ging mit er in des Ungeheuers Felshöhle.
Doch allzu jäh vom Lager auf ihn einspringend,
zerriß der Leu dem Hirschen nur den Ohrzipfel,
vor Eifer blind. In toller Flucht hinausstürzend,
eilt jener zitternd in das tiefste Walddickicht,
indes die Hände schmerzlich übers Haupt schlagend
das Füchslein laut um die verlorene Müh klagte.
Der Leu lag ächzend und in seinen Bart knirschend,
da ihn der Hunger wie der Ärger gleich plagte,
bis er sich bittend wieder an den Fuchs wandte,
daß eine neue Jagdlist er ihm aussänne.
Der sprach, im tiefsten Herzensgrunde Rat suchend:

π λέκουσα τέχνας καὶ πανουργίας πάσας,
ἃ εἰ δ' ἕκαστον ποιμένων ἐπηρώτα,
μή πού τις ἔλαφος ᾑματωμένη φεύγει.
τ ὴν δ' ὡς τις εἶδε, δεικνύων ἂν ὡδήγει,
ἕως ποϑ' εὗρεν ἐν κατασκίῳ χώρῳ
δρόμων ἀναψύχουσαν. ἡ δ' ἀνσιδείης
ὀφρὺν ἔχουσα καὶ μέτωπον εἱστήκει.
ἐλάφου δὲ φρὶξ ἐπέσχε νῶτα καὶ κνήμας,
χολῇ δ' ἐπέζει καρδίην, ἔφη δ' οὕτω·
‚ἀλλ' ὦ στύγημα, νῦν μὲν οὐχὶ χαιρήσεις,
ἢν μοι προσέλϑῃς καὶ γρύσαι τι τολμήσῃς.
ἄλλους ἀλωπέκιζε τοὺς ἀπειρήτους,
ἄλλους δὲ βασιλεῖς αἱρέτιζε καὶ ποίει.'
τῆς δ' οὐκ ἐτρέφϑη ϑυμός, ἀλλ' ὑπολήβδην
„οὕτως ἀγεννής" φησί „καὶ φόβου πλήρης
πέφυκας; οὕτω τοὺς φίλους ὑποπτεύεις;
ὁ μὲν λέων σοι συμφέροντα βουλεύσων
μέλλων τ' ἐγείρειν τῆς πάροιϑε νωϑείης
ἔψαυσεν ὠτός, ὡς πατὴρ ἀποϑνήσκων·
ἔμελλε γάρ σοι πᾶσαν ἐντολὴν δώσειν,
ἀρχὴν τοσαύτην πῶς λαβοῦσα τηρήσεις·
σὺ δ' οὐχ ὑπέστης κνίσμα χειρὸς ἀρρώστου,
βίῃ δ' ἀποσπασϑεῖσα μᾶλλον ἐτρώϑης.
καὶ νῦν ἐκεῖνος πλεῖον ἢ σὺ ϑυμοῦται,
λίην ἄπιστον πειράσας σε καὶ κούφην,
βασιλῆ δέ φησι τὸν λύκον καταστήσειν.
οἴμοι πονηροῦ δεσπότου. τί ποιήσω;
ἅπασιν ἡμῖν αἰτίη κακῶν γίνῃ.
ἀλλ' ἐλϑὲ καὶ τὸ λοιπὸν ἴσϑι γενναίη,
μηδ' ἐπτόησο, πρόβατον οἷον ἐκ ποίμνης.
ὄμνυμι γάρ σοι φύλλα πάντα καὶ κρήνας,
οὕτω γένοιτο σοὶ μόνη με δουλεύειν,
ὡς οὐδὲν ὁ λέων ἐχϑρός, ἀλλ' ὑπ' εὐνοίης
τίϑησι πάντων κυρίην σε τῶν ζῴων."
τοιαῦτα κωτίλλουσα τὴν ἀχαιίνην

„Ich will's versuchen, wenn's auch noch so schwer scheint."
Auf neue Künste nun und neue List sinnend,
folgt' er der Fährte wie ein kluger Schweißhund
und fragte jeden Hirten, den er antraf,
ob nicht bei ihm ein blutiger Hirsch vorbeifloh.
Und wer drum wußte, gab ihm auch den Weg an.
So fand er schließlich denn den Hirsch im Walddunkel,
wie er vom Rennen ruhte; und mit Keckheit
an Aug' und Stirn gewappnet, trat er vor ihn.
Ein Schauer fuhr durch Mark und Bein dem Hirsch erst,
doch ließ die Galle bald ihn also losbrechen:
„Diesmal, du Scheusal, soll's dir wenig Glück bringen,
wenn du herankommst und nur einen Mucks wagst.
Bei andern Toren magst du künftig fuchsschwänzen,
mit Königtum sie ködern und wie mich krönen."
Doch unverzagt begann nun ihm ins Wort fallend
der Fuchs: „So mutlos bist du und so unedel?
Wie kann man auf die Freunde so Verdacht werfen!
Es wollte dir der Löwe einen Rat geben,
um dich zu wecken aus der frühern Schlaffheit.
Er faßte dich am Ohre, wie den Sohn wohl
am Totenbett der treue Vater anfaßt.
Doch du ertrugst nicht einer kranken Hand Zupfen
und wurdest wund erst, als du selbst dich losrissest.
Und nun tobt jener gar noch mehr als du selbst,
da du so sinnlos ängstlich seist und mißtrauisch.
Den Wolf, so sagt er, will er nun zum Herrn machen.
O weh, des schlimmen Königs! — Was soll ich tun?
An unser aller Elend trägst nun du Schuld!
Doch komm und zeige endlich, daß du Mut hast!
Erschrick nicht wie das Lämmchen aus der Schafherde!
Bei allen Blättern schwör' ich, allen Bergwassern,
so wahr, als ich nur dich allein zum Herrn wünsche,
so wahr liebt dich der Löwe, und aus Wohlwollen
will er dich jetzt zu aller Tiere Herrn machen."

ἔπεισεν ἐλθεῖν δὶς τὸν αὐτὸν εἰς ᾄδην.
ἐπεὶ δὲ λόχμης εἰς μυχὸν κατεκλείσθη,
λέων μὲν αὐτὸς εἶχε δαῖτα πανθοίνην,
σάρκας λαφύσσων, μυελὸν ὀστέων πίνων
καὶ σπλάγχνα δάπτων· ἡ δ' ἀγωγὸς εἱστήκει
πεινῶσα θήρης, καρδίην δὲ νεβρείην
λάπτει πεσοῦσαν ἁρπάσασα λαθραίως,
καὶ τοῦτο κέρδος εἶχεν ὧν ἐκεκμήκει.
λέων δ' ἕκαστον ἐγκάτων ἀριθμήσας
μόνην ἁπάντων καρδίην ἐπεζήτει,
καὶ πᾶσαν εὐνήν, πάντα δ' οἶκον ἠρεύνα.
κερδὼ δ' ἀπαιολῶσα τῆς ἀληθείης
„οὐκ εἶχε πάντως" φησί· „μὴ μάτην ζήτει.
ποίην δ' ἔμελλε καρδίην ἔχειν, ἥτις
ἐκ δευτέρου λέοντος ἦλθεν εἰς οἴκους;"

Babr. 95

22. Λέων ἄναλκις καὶ ἀλώπηξ

Λέων ἐπ' ἄγρην οὐκέτι σθένων βαίνειν
(πολλῷ γὰρ ἤδη τῷ χρόνῳ γεγηράκει)
κοίλης ἔσω σπήλυγγος οἷά τις νούσῳ
κάμνων ἐβέβλητ' οὐκ ἀληθὲς ἀσθμαίνων,
φωνὴν βαρεῖαν προσποιητὰ λεπτύνων.
θηρῶν δ' ἐπ' αὐλὰς ἦλθεν ἄγγελος φήμη,
καὶ πάντες ἤλγουν ὡς λέοντος ἀρρώστου,
ἐπισκοπήσων δ' εἰς ἕκαστος εἰσῄει.
τούτους ἐφεξῆς λαμβάνων ἀμοχθήτως
κατήσθιεν, γῆρας δὲ λιπαρὸν ηὑρήκει.
σοφὴ δ' ἀλώπηξ ὑπενόησε καὶ πόρρω
σταθεῖσα „βασιλεῦ, πῶς ἔχεις;" ἐπηρώτα.
κἀκεῖνος εἶπε „χαῖρε, φιλτάτη ζῴων.
τί δ' οὐ προσέρχῃ, μακρόθεν δέ με σκέπτῃ;
δεῦρο, γλυκεῖα, καί με ποικίλοις μύθοις
παρηγόρησον ἐγγὺς ὄντα τῆς μοίρης."

Also beschwatzte schmeichelnd er den Hornträger,
daß er sich nochmals in des Grabes Tor wagte.
Doch als er dort nun an die Wand gedrängt war,
da hielt der Löwe schmatzend einen Festschmaus,
das Fleisch verschlingend, der Gebeine Mark schlürfend
und die Gedärme kauend. Doch umsonst hungernd
stand neben ihm sein Treiber. Nur das Hirschherz
verschlang er heimlich, da es nebenaus fiel,
als kargen Lohn für alle seine Mühsal.
Jedoch der Leu, die Eingeweide nachzählend,
bemerkte, daß von allem noch das Herz fehle,
und sucht's im Lager, sucht's im ganzen Wohnraum.
Da bringt der Fuchs ihn von der wahren Spur ab:
„Der hatte gar keins — suche nicht umsonst nach!
Wie sollte der ein Herz auch haben, der sich
zweimal in eines Löwen Bau hineinwagt?"

22. Der Fuchs vor der Löwenhöhle

Der Löwe, den das Greisenalter schlaff machte,
so daß zum Jagen nunmehr ihm die Kraft fehlte,
lag wie ein Kranker in der tiefen Felsgrotte.
Er schnaufte sehr, als ob es ihm recht schlecht ginge,
und zwang die mächtige Stimme, leis zu lispeln.
Die Botschaft drang zu aller Tiere Wildlager,
und alle schmerzt' es, daß der König krank wäre.
Ein jeder eilte, daß er ihm Besuch mache,
und einzeln, wie sie kamen, fraß der Leu sie,
so daß es trotz des Alters ihm recht gut ging.
Am Eingang aber blieb der schlaue Fuchs stehn,
der ihn durchschaute und begann: „Wie geht's dir,
o König?" „Sei willkommen, du mein Liebling,
vor allen Tieren!" sprach der, „tritt herein doch!
Was stehst du ferne? Komm, mit klugem Scherzwort
mich aufzuheitern, Süßer, da der Tod naht."

„σῴζοιο" φησίν· „εἰ δ' ἄπειμι, συγγνώσῃ·
πολλῶν γὰρ ἴχνη θηρίων με κωλύει,
ὧν ἐξιόντων οὐκ ἔχεις, ὅ μοι δείξεις."

Babr. 103

23. Ἀλώπηξ καὶ τράγος

Ἀλώπηξ πεσοῦσα εἰς φρέαρ ἐπάναγκες ἔμενε πρὸς τὴν ἀνά-
βασιν ἀμηχανοῦσα· τράγος δὲ δίψῃ συνεχόμενος ὡς ἐγένετο
κατὰ τὸ αὐτὸ φρέαρ, θεασάμενος αὐτὴν ἐπυνθάνετο, εἰ καλὸν
εἴη τὸ ὕδωρ· ἡ δὲ τὴν δυστυχίαν ἀσμενισαμένη πολὺν ἔπαινον
τοῦ ὕδατος κατέτεινε λέγουσα ὡς χρηστὸν εἴη, καὶ καταβῆναι
αὐτῷ παρῄνει. ὁ δὲ ἀμελετήτως κατῆλθε διὰ τὸ μόνην τότε ὁρᾶν
τὴν ἐπιθυμίαν καὶ ἅμα τῷ τὴν δίψαν σβέσαι μετὰ τῆς ἀλώπεκος ἐσκόπει τὴν ἄνοδον. καὶ ἡ ἀλώπηξ χρήσιμόν τι ἔφη ἐπι-
νενοηκέναι εἰς τὴν ἀμφοτέρων σωτηρίαν· „εἰ γὰρ θελήσεις τοὺς
ἐμπροσθίους πόδας τῷ τοίχῳ προσερεῖσαι ἐγκλίνας τὰ κέρατα,
ἀναδραμοῦσα οὕτη διὰ τοῦ σοῦ νώτου καὶ σὲ ἀναβιβάσω."
τοῦ δὲ καὶ πρὸς τὴν δευτέραν παραίνεσιν ἑτοίμως ὑπηρετή-
σαντος ἡ ἀλώπηξ ἀναλομένη διὰ τῶν σκελῶν αὐτοῦ ἐπὶ τὸν
νῶτον ἀνέβη καὶ ἀπ' ἐκείνου ἐπὶ τὰ κέρατα διερεισαμένη ἐπὶ
τὸ στόμα τοῦ φρέατος ἀνελθοῦσα ἀπηλλάττετο. τοῦ δὲ τράγου
μεμφομένου αὐτὴν ὡς τὰς ὁμολογίας παραβαίνουσαν, ἡ ἀλώπηξ ἐπιστραφεῖσα εἶπεν· „ὦ οὗτος, ἀλλ' εἰ τοσαύτας φρένας
εἶχες, ὅσας ἐν τῷ πώγωνι τρίχας, οὐ πρότερον ἂν κατεβεβήκεις,
πρὶν ἢ τὴν ἄνοδον ἐσκέψω."

C. F. Aes. 9

24. Ἵππος καὶ ἔλαφος

Γέλων ὁ Σικελιώτης τυραννίδι ἐπιθέσθαι διανοούμενος Ἱμε-
ραίων ἐθεράπευε τὸν δῆμον καὶ κατὰ τῶν δυνατῶν ὑπερεμάχει·
καὶ αὐτὸν ἠγάπα τὸ πλῆθος καὶ φυλακὴν τοῦ σώματος αἰ-
τοῦντι ὡρμᾶτο διδόναι. Στησίχορος δ' ὁ Ἱμεραῖος ποιητὴς

„O mögest du genesen! Doch verzeih mir,
wenn ich verschwinde", sprach der Fuchs, „mich hält fern
die große Menge mannigfacher Tierspuren.
O zeige mir doch eine, die heraus führt!"

23. Der törichte Bock

Ein Fuchs fiel in einen tiefen Brunnen und wußte nicht,
wie er wieder herauskommen sollte. Da kam ein durstiger
Ziegenbock auch zum Brunnen, sah den Fuchs und fragte
ihn, ob das Wasser gut sei. Der aber verhehlte sein Miß-
geschick und sagte: „O, das Wasser ist ausgezeichnet, klar
und wohlschmeckend, komm nur auch herunter!" Da sprang
der Bock, ohne sich zu besinnen, hinab. Als er nun seinen
Durst gelöscht hatte, fragte er den Fuchs: „Wie wollen wir
aber wieder herauskommen?" Da sagte der Fuchs: „O, das
werde ich schon machen. Stelle dich auf deine Hinterbeine,
stemme die Vorderbeine gegen die Wand und mache deinen
Hals lang! Dann werde ich über deinen Rücken und deine
Hörner auf den Rand des Brunnens klettern und auch dir
heraushelfen." Der Bock tat, wie ihm befohlen war, streckte
sich aus, und der Fuchs kletterte auf seine Hörner und sprang
von dort mit einem gewaltigen Satz auf den Brunnenrand.
Dort blieb er, tanzte vor Freuden und verhöhnte den Bock.
Der aber machte ihm Vorwürfe, daß er den Vertrag nicht
eingehalten hätte. Da sagte der Fuchs: „O Bock, wenn du
soviel Gedanken im Kopfe hättest, wie Haare im Bart, so
wärst du nicht hinuntergestiegen, ohne vorher zu unter-
suchen, wie du wieder herauskönntest."

24. Bestrafte Rachsucht

In Sizilien strebte Gelon danach, Tyrann von Himera zu
werden. Daher zog er in der Volksversammlung gegen den
Adel los und schmeichelte der Menge. Das Volk gewann
ihn lieb, und als er den Antrag stellte, ihm (als Schutz gegen

ὑποτοπήσας ἐπιχειρεῖν αὐτὸν τυραννίδι στὰς αἶνον ἔλεξεν εἰς
τὸ πλῆθος, εἰκόνα τοῦ μέλλοντος πάθους. „ἵππος" φησί „νεμό-
μενος ἐφοίτα πιούμενος ἐπὶ κρήνην, ἔλαφος δὲ τὸ πεδίον δια-
θέουσα τήν τε πόαν κατέστειβε καὶ τὸ νᾶμα ἐτάραττε. καὶ ὁ
ἵππος ποθῶν τὴν ἀδικοῦσαν τιμωρῆσαι, τάχει δὲ ποδῶν λειπό-
μενος ἄνδρα κυνηγέτην βοηθὸν ἐκάλει· ὁ δέ, εἰ χαλινὸν δέξοιτο
καὶ ἀναβάτην, ῥᾷστα ἀμύνειν αὐτῷ ὑπισχνεῖτο. καὶ ἐγίνετο
οὕτως. καὶ ἡ μὲν ἔλαφος ἀκοντίοις ἔκειτο βληθεῖσα, ὁ δ' ἵππος
ᾖσθετο δεδουλωμένος τῷ κυνηγέτῃ." „τοῦτ'" ἔφη „δέδοικα
καὶ αὐτός, ὦ Ἱμεραῖοι, μὴ νῦν δῆμος ὄντες τῶν ἐχθρῶν μὲν διὰ
Γέλωνος περιγένησθε, αὐτοὶ δ' ὕστερον Γέλωνι δουλεύσητε·
φιλεῖν γὰρ ἅπασαν δύναμιν τῷ λαβόντι ἐπὶ τὸν δόντα εἶναι,
ὅταν, ὥσπερ δοῦναι αὐτήν, μηκέτι ἐκ τοῦ ὁμοίου κομίσασθαι
ἔχῃ."

Conon narrat. 42

25. Ἀλώπηξ καὶ ἐχῖνος

Αἴσωπος ἐν Σάμῳ δημηγορῶν κρινομένου δημαγωγοῦ περὶ
θανάτου ἔφη ἀλώπεκα διαβαίνουσαν ποταμὸν ἀπωσθῆναι
εἰς φάραγγα· οὐ δυναμένην δὲ ἐκβῆναι πολὺν χρόνον κακο-
παθεῖν, καὶ κυνοραϊστὰς πολλοὺς ἔχεσθαι αὐτῆς· ἐχῖνον δὲ
πλανώμενον, ὡς εἶδεν αὐτήν, κατοικτείραντα ἐρωτᾶν, εἰ ἀφέλοι
αὐτῆς τοὺς κυνοραϊστάς· τὴν δὲ οὐκ ἐᾶν. Ἐρομένου δὲ διὰ τί,
„ὅτι οὗτοι μὲν" φάναι „ἤδη μου πλήρεις εἰσὶ καὶ ὀλίγον ἕλκου-
σιν αἷμα, ἐὰν δὲ τούτους ἀφέλῃς, ἕτεροι ἐλθόντες πεινῶντες ἐκ-
πιοῦνταί μου τὸ λοιπὸν αἷμα." — „Ἀτὰρ καὶ ὑμᾶς", ἔφη, „ὦ

den Adel) eine Leibwache zu geben, war es bereit, diese zu bewilligen. Der Dichter Stesichoros aber durchschaute ihn. Daher trat er in der Volksversammlung auf und erzählte den Bürgern als Vorbild der drohenden Gefahr folgende Fabel.

Das Pferd lebte frei auf einer herrlichen Weide, die von einem klaren Bach durchrieselt war. Da kam der Hirsch aus dem Wald dahergestürmt, zertrat das Gras und trübte das Wasser. Das Pferd wollte sich an dem Übeltäter rächen. Da es aber an Schnelligkeit dem Hirsch nicht gewachsen war, rief es den Jäger zu Hilfe. Der sagte: „Ja, ich verspreche dir, deinen Feind abzuwehren. Aber du mußt mir gestatten, dir einen Zaum ins Maul zu legen und deinen Rücken zu besteigen." Das Pferd war's zufrieden und der Jäger nahm seine Spieße in die Hand und bestieg das Pferd. Bald lag der Hirsch, vom Wurfspieß des Jägers durchbohrt, am Boden — zu spät aber erkannte das Pferd, daß es der Sklave des Jägers geworden war.

„Dies", fuhr Stesichoros fort, „befürchte auch ich für euch. Jetzt seid ihr noch ein freies Volk und werdet durch Gelon eure Feinde überwinden. Bald aber werdet ihr Gelons Sklaven sein, denn jede Macht dient dem Empfänger gegen den Geber, wenn man sie nicht ebenso zurücknehmen kann, wie man sie gab."

25. Die Blutegel

In Samos war in der Volksversammlung ein Demagoge auf den Tod angeklagt. Da erhob sich Äsop und sagte: „Männer von Samos, laßt mich euch eine Fabel erzählen! Einst wollte ein Fuchs einen Fluß überschreiten. Aber die Strömung trieb ihn ab, und er geriet in eine Felsspalte, wo er festgeklemmt wurde. Sofort stürzten sich von allen Seiten die Hundsläuse auf ihn und plagten ihn grimmig. Da strich ein Igel vorbei und fragte ihn mitleidig, ob er die Hundsläuse ablesen solle. Der Fuchs sagte: „Nein!" „Aber warum

ἄνδρες Σάμιοι, οὗτος μὲν οὐδὲν ἔτι βλάψει· πλούσιος γάρ ἐστιν· ἐὰν δὲ τοῦτον ἀποκτείνητε, ἕτεροι ἥξουσι πένητες, οἳ ὑμῖν ἀναλώσουσι τὰ κοινὰ κλέπτοντες.‟

Aristot. rhet. II, 20

26. Ἀλώπηξ καὶ γέρανος

Οἱ τοιαῦτα προβλήματα καθιέντες οὐδὲν ἂν τῆς Αἰσωπείου γεράνου καὶ ἀλώπεκος ἐπιεικέστεροι πρὸς κοινωνίαν φανεῖεν· ὧν ἡ μὲν ἔτνος τι λιπαρὸν κατὰ λίθου πλατείας καταχεαμένη τὴν γέρανον ἐδέξατο οὐκ εὐωχουμένην, ἀλλὰ γελοῖα πάσχουσαν· ἐξέφευγε γὰρ ὑγρότητι τὸ ἔτνος τὴν λεπτότητα τοῦ στόματος αὐτῆς. ἐν μέρει τοίνυν ἡ γέρανος αὐτῇ καταγγείλασα δεῖπνον ἐν λαγυνίδι προὔθηκε λεπτὸν ἐχούσῃ καὶ μακρὸν τράχηλον, ὥστε αὐτὴν μὲν καθιέναι τὸ στόμα ῥᾳδίως καὶ ἀπολαύειν, τὴν δὲ ἀλώπεκα μὴ δυναμένην κομίζεσθαι συμβολὰς πρεπούσας.

Οὕτω τοίνυν, ὅταν οἱ φιλόσοφοι παρὰ πότον εἰς λεπτὰ καὶ διαλεκτικὰ προβλήματα καταδύντες ἐνοχλῶσι τοῖς πολλοῖς ἕπεσθαι μὴ δυναμένοις, ἐκεῖνοι δὲ πάλιν ἐπ' ᾠδάς τινας καὶ διηγήματα φλυαρώδη καὶ λόγους βαναύσους καὶ ἀγοραίους ἐμβάλωσιν ἑαυτούς, οἴχεται τῆς συμποτικῆς κοινωνίας τὸ τέλος καὶ καθύβρισται ὁ Διόνυσος.

Plut. symp. disp. I 1, 5

denn nicht?" sagte der Igel. „Die sind schon vollgesogen",
sagte der Fuchs, „und zapfen mir nur noch wenig Blut ab.
Wenn du aber diese wegnimmst, werden andre kommen,
die noch hungrig sind, und die werden auch noch den Rest
meines Blutes trinken."

So wird auch dieser Mann, Männer von Samos, euch nur
noch wenig schädigen, denn er ist bereits reich. Tötet ihr
ihn aber, so werden andere kommen, die noch nicht reich
sind, und werden euch ausplündern, indem sie den Ge-
meindebesitz stehlen."

26. . . . „sich nach Schnauz und Schnabel richten!"

Wenn Philosophen sich bei einem fröhlichen Trinkgelage
plötzlich in die dialektische Erörterung schwieriger Probleme
vertiefen, so ärgern sie die andern, die nicht mitkommen
können. Wenn diese dann aber anfangen, wertlose Geschichten und derbe Witze zu erzählen und öde Schlager an-
stimmen, so hat das Symposion seinen Sinn verloren, und
Dionysos wendet sich gekränkt ab. Diese Leute benehmen
sich wie Fuchs und Kranich bei Äsop.

Einst lud der Fuchs den Kranich zum Mahle. Als dieser
erschien, setzte er ihm in einer flachen Schüssel einen fetten
Brei vor und hieß ihn den schmausen. Aber der ölige Brei
rann dem Kranich aus seinem spitzen Schnabel wieder in
die Schüssel, ehe er ihn schlucken konnte. So bekam der
Kranich nicht nur keine Mahlzeit, sondern machte sich auch
noch lächerlich. Aber er zahlte es dem Fuchs heim, indem
er auch ihn zu Gaste lud. Als der erschien, setzte er ihm
eine Flasche mit einem langen und schmalen Hals vor, auf
deren Grund verlockende Speisen lagen. Der Kranich selbst
steckte seinen dünnen Schnabel durch den Hals der Flasche
und schmauste vergnüglich. Aber der Fuchs konnte nicht
an die Herrlichkeiten heran und erhielt so die verdiente
Gegengabe.

27. Ἀλώπηξ ἐξογκωθεῖσα τὴν γαστέρα

Κοίλωμα ῥίζης φηγὸς εἶχεν ἀρχαίη·
ἐν τῇ δ' ἔκειτο ῥωγὰς αἰπόλου πήρη,
ἄρτων ἑώλων πᾶσα καὶ κρεῶν πλήρης.
ταύτην ἀλώπηξ εἰσδραμοῦσα τὴν πήρην
ἐξέφαγε· γαστὴρ δ', ὥσπερ εἰκός, ᾠγκώθη,
στενῆς δὲ τρώγλης οὐκέτ' εἶχεν ἐκδῦναι.
ἑτέρη δ' ἀλώπηξ ὡς ἐπῆλθε κλαιούσῃ,
σκώπτουσα „μεῖνον" εἶπεν „ἄχρι πεινήσῃς·
οὐκ ἐξελεύσῃ πρότερον, ἄχρι τοιαύτην
τὴν γαστέρα σχῇς, ἡλίκην ὅτ' εἰσῄεις."

Babr. 86

28. Κύων κρέας φέρουσα

Κύων κρέας ἔχουσα ποταμὸν διέβαινε· θεασαμένη δὲ τὴν ἑαυτῆς σκιὰν κατὰ τοῦ ὕδατος ὑπέλαβεν ἑτέραν κύνα εἶναι μεῖζον κρέας ἔχουσαν· διόπερ ἀφεῖσα τὸ ἴδιον ὥρμησεν ὡς τὸ ἐκείνης ἀφαιρησομένη. συνέβη δ' αὐτῇ ἀμφοτέρων στερηθῆναι, τοῦ μὲν μὴ ἐφικομένη, διότι μηδὲν ἦν, τοῦ δέ, διότι ὑπὸ τοῦ ποταμοῦ παρεσύρη.

C. F. Aes. 136

29. Ὄνος ἅλας βαστάζων

Ὄνος ἅλας γέμων ποταμὸν διέβαινεν· ὀλισθήσας δὲ ὡς κατέπεσεν εἰς τὸ ὕδωρ, ἐκτακέντος τοῦ ἁλὸς κουφότερος ἐξανέστη· ἡσθεὶς δὲ ἐπὶ τούτῳ, ἐπειδὴ ὕστερόν ποτε σπόγγους ἐμπεφορτισμένος κατά τινα ποταμὸν ἐγένετο, ᾠήθη ὅτι, ἐὰν πάλιν πέσῃ, ἐλαφρότερος διεγερθήσεται· καὶ δὴ ἑκὼν ὠλίσθησε.

27. Der gefräßige Fuchs

Ein Buchbaum zeigt' am Fuße eine Höhlung.
In der lag eines Hirten alter Schnappsack,
gefüllt mit trocknem Brote und mit Fleischstücken.
Den sah ein Fuchs, und in die Höhle eindringend
fraß er ihn leer. Natürlich schwoll sein Bauch an,
daß aus dem engen Loch er nicht herauskonnte.
Er klagte laut, so daß ein anderer Fuchs kam,
der spottend sprach: „Nun halte hier nur Fasttage!
Denn bis dein Bauch so dünn nicht wie beim Einsteigen
geworden ist, wirst du nicht mehr herauskommen."

28. Bestrafte Habgier

Ein Hund, der ein Stück Fleisch im Maul trug, überschritt
einen Fluß. Dabei sah er seinen Schatten im Wasser und
meinte, das sei ein andrer Hund, der ein größeres Stück
Fleisch habe. Sofort ließ er das eigene fahren und fuhr auf
das Spiegelbild los, um das Fleisch zu rauben. Aber dabei
kam nur heraus, daß er beides verlor, das fremde Fleisch,
weil es überhaupt nicht da war, und das eigene, weil es
vom Wasser weggetrieben war.

29. Der überlistete Esel

Ein Händler ließ seinen Esel schwere Säcke voll Salz von
der Küste ins Land tragen. Als der Esel dabei einen Fluß
durchschreiten mußte, glitt er aus und fiel ins Wasser. Wie
er sich wieder aufrichtete, merkte er, daß die Last viel leichter
geworden war, denn ein gut Teil des Salzes war weg-
geschmolzen. „Halt!" dachte der Esel, „das will ich mir

συνέβη δ' αὐτῷ τῶν σπόγγων ἀνασπασάντων τὸ ὕδωρ, μὴ δυνάμενον ἐξανίστασθαι ἐνταῦθα ἀποπνιγῆναι.

C. F. Aes. 191

30. Ὄνος καὶ λεοντῆ

Ὄνος ἐν Κύμῃ λεοντῆν περιβολόμενος ἠξίου λέων αὐτὸς εἶναι πρὸς ἀγνοοῦντας τοὺς Κυμαίους ὀγκώμενος μάλα τραχὺ καὶ καταπληκτικόν· ἄχρι δή τις αὐτὸν ξένος καὶ λέοντα ἰδὼν πολλάκις ἤλεγξε παίων τοῖς ξύλοις.

Lucian. pisc. 32

31. Ὄνος καὶ κηπωρός

Ὄνος κηπωρῷ δουλεύων ἐπειδὴ ὀλίγα μὲν ἤσθιε, πολλὰ δὲ ἐκακοπάθει, ηὔξατο τῷ Διί, ὅπως τοῦ κηπωροῦ αὐτὸν ἀπαλλάξας ἑτέρῳ δεσπότῃ ἐγχειρίσῃ. ὁ δὲ Ἑρμῆν πέμψας ἐκέλευσε κεραμεῖ αὐτὸν πωλῆσαι. πάλιν δὲ αὐτοῦ δυσφοροῦντος ἐπειδὴ καὶ πολλῷ πλεῖον ἀχθοφορεῖν ἠναγκάζετο, καὶ τὸν Δία ἐπικαλουμένου τὸ τελευταῖον ὁ Ζεὺς παρεσκεύασεν αὐτὸν βυρσοδέψῃ πωληθῆναι. Καὶ ὁ ὄνος ἰδὼν τὰ ὑπὸ τοῦ δεσπότου πραττόμενα ἔφη· „ἀλλ' ἔμοιγε αἱρετώτερον ἦν παρὰ τοῖς προτέ-

merken!" Und als sie das nächstemal wieder an den Fluß kamen, fiel er freiwillig hinein. Aber nicht lange sollte er sich seiner Schlauheit erfreuen, denn der Händler wußte ihn zu überlisten. Wieder trug der Esel seine Säcke, und wieder fiel er in den Fluß. Als er sich aber wieder aufrichten wollte, merkte er, daß die Last viel schwerer geworden war. Der Händler hatte nämlich statt Salz Schwämme in die Säcke getan, und diese hatten sich mit Wasser vollgesogen. Mit Mühe und Not arbeitete sich der Esel wieder ans Land, und von da an trug er die Salzsäcke ohne Widerstreben.

30. Der Esel in der Löwenhaut

In Kyme hüllte sich ein Esel in eine Löwenhaut und begann die Rolle des Löwen zu spielen. Er brüllte die Leute von Kyme, die von Löwen nichts wußten, fürchterlich an, so daß sie auf den Tod erschraken. Aber da kam ein Fremder, der mit Löwen Bescheid wußte. Der verprügelte den Unhold gründlich und zeigte den Kymäern, daß es eben nur ein Esel war.

31. Die ersten Herren die besten

Ein Esel diente bei einem Gärtner, wo es viel zu schleppen gab, aber wenig zu essen. Er flehte also zu Zeus, er solle ihn von dem Gärtner befreien und einem andern Herrn überweisen. Zeus schickte den Hermes zu dem Gärtner und befahl ihm, den Esel an einen Töpfer zu verkaufen. Bei dem aber mußte der Esel noch viel schlimmere Lasten tragen und wandte sich daher wieder an Zeus. Da bewirkte dieser, daß er ein letztesmal verkauft wurde, und zwar an einen Gerber. Als der Esel aber sah, was sein Herr für ein Handwerk betrieb, sagte er zu sich selbst: „O, hätte ich doch bei meinen früheren Herren Mühe und Hunger ertragen und

ροις δεσπόταις ἀχθοφοροῦντι λιμώττειν ἢ ἐνταῦθα παραγενέσθαι, ὅπου οὐδὲ ἂν ἀποθάνω ταφῆς τεύξομαι."

C. F. Aes. 190

32. Ὄνος καὶ κυνίδιον

Ἔχων τις κύνα Μελιταῖον καὶ ὄνον διετέλει ἀεὶ τῷ κυνὶ προσπαίζων. καὶ δή, εἴποτε ἔξω δειπνοίη, ἐκόμιζέ τι αὐτῷ καὶ προσιόντι καὶ σαίνοντι παρέβαλλεν. ὁ δὲ ὄνος φθονήσας προσέδραμε καὶ αὐτὸς καὶ σκιρτῶν ἐλάκτισεν τὸν δεσπότην. καὶ ὃς ἀγανακτήσας ἐκέλευσε παίοντας αὐτὸν ἀπαγαγεῖν καὶ τῇ φάτνῃ προσδῆσαι.

C. F. Aes. 100

33. Γλαὺξ καὶ ὄρνεα

Αἴσωπος ξυνετίθει λόγον τοιοῦτον· ὡς τὰ ὄρνεα ξυνῆλθε πρὸς τὴν γλαῦκα καὶ ἐδεῖτο τῆς μὲν ἀπὸ τῶν οἰκοδομημάτων σκέπης ἀπανίστασθαι, πρὸς δὲ τὰ δένδρα τὴν καλιὰν ὥσπερ καὶ αὐτὰ καὶ τοὺς τούτων μεταπήγνυσθαι κλῶνας, ἀφ' ὧν καὶ ᾄδειν ἔστιν εὐσημότερον· καὶ δὴ καὶ πρὸς δρῦν ταυτηνὶ ἄρτι φυομένην, ἐπειδὰν πρὸς ὥραν ἀφίκηται, ἑτοίμως ἔχειν ἱζάνειν καὶ τῆς χλοερᾶς κόμης ἀπόνασθαι. ἀλλ' οὖν τήν γε γλαῦκα μὴ τοῦτο τοῖς ὀρνέοις ποιεῖν παραινεῖν μηδὲ φυτοῦ βλάστῃ ἐφήδεσθαι „ἰξὸν πεφυκότος φέρειν, πτηνοῖς ὄλεθρον". τὰ δὲ μήτε τῆς ξυμβουλῆς ἀπεδέχετο τὴν γλαῦκα· τοὐναντίον δὲ ἔχαιρε τῇ δρυὶ φυομένῃ· ἐπειδὴ δὲ ἱκανὴ ἦν, καθίσαντα ἐπ' αὐτὴν ᾖδεν. γενομένου δὲ τοῦ ἰξοῦ ῥᾳδίως ἤδη ὑπὸ τῶν ἀνθρώπων ἁλισκόμενα μετενόουν καὶ τὴν γλαῦκα ἐθαύμαζον ἐπὶ τῇ ξυμβουλῇ. καὶ νῦν ἔτι οὕτως ἔχουσιν ὡς δεινῆς καὶ σοφῆς οὔσης αὐτῆς, καὶ διὰ τοῦτο ἐθέλουσι πλησιάζειν ἡγούμενα ἀγαθόν τι ἀπολαύειν τῆς ξυνουσίας. ἔπειτα, οἶμαι, προσίασι μάτην ἐπὶ κακῷ. ἡ μὲν γὰρ ἀρχαία γλαὺξ τῷ ὄντι φρονίμη τε ἦν καὶ ξυμβουλεύειν ἐδύνατο· αἱ δὲ νῦν μόνον τὰ πτερὰ ἔχουσιν ἐκεί-

wäre nie hierher gekommen! Denn hier werde ich auch nach dem Tode kein ehrliches Begräbnis finden."

32. *Eines schickt sich nicht für alle*

Ein Herr besaß einen Esel und ein Malteser Schoßhündchen. Der Esel mußte schwere Lasten schleppen und stand sonst unbeachtet im Stall, mit dem Hündchen aber pflegte der Herr zu spielen. Wenn er einmal auswärts speiste, brachte er dem Hündchen etwas mit, das ihm fröhlich bellend entgegensprang und ihn umwedelte. Da packte den Esel der Neid, und auch er lief dem Herrn entgegen, wieherte fürchterlich und wollte ihn mit seinen Hufen liebkosen. Der aber rief den Dienern und befahl ihnen, den Esel zu verprügeln und an die Krippe zu binden.

33. *Die kluge Eule*

Äsop erzählt folgende Fabel. Einst kamen die Vögel zur Eule und baten sie, sie sollte, wie sie selbst, nicht länger in der Nähe menschlicher Wohnungen nisten. Sie wollten lieber auf die Bäume übersiedeln und in deren Zweigen sich Nester flechten; von dort herab werde ihr Gesang auch viel voller tönen. Jetzt wachse gerade hier eine Eiche in die Höhe, und wenn diese groß geworden sei, wollten sie auf ihren Zweigen sitzen und sich ihres schattigen Laubes freuen. Die Eule jedoch sagte, sie sollten sich ja nicht über die Eiche freuen, denn auf dieser wachse die Mistel, die man mit Recht „der flüchtigen Vögel Verderben" nenne. Aber die Vögel hörten nicht auf die Mahnungen der Eule, sondern freuten sich, wie die Eiche kräftig emporschoß. Als sie groß geworden war, siedelten sie sich auf ihr an und ließen fröhlich ihre Lieder von ihr herabschallen. Als aber auch die Mistel gewachsen war, machten die Menschen aus ihr den Leim und fingen mit diesem die Vögel ein. Da änderten die Vögel ihre Meinung und bewunderten die Eule wegen ihrer Klug-

νης καὶ τοὺς ὀφθαλμοὺς καὶ τὸ ῥάμφος, τὰ δὲ ἄλλα ἀφρονέστεραί εἰσι τῶν ἄλλων ὀρνέων.

Dion. Chrysost. LXXII. 14

34. Κολοιὸς καὶ ὄρνεις

Ζεὺς βουλόμενος βασιλέα καταστῆσαι ὀρνέων προθεσμίαν αὐτοῖς ἔταξεν, ἐν ᾗ παραγενήσονται πάντες πρὸς αὐτόν, ὅπως τὸν ὡραιότατον πάντων καταστήσῃ ἐπ᾽ αὐτοὺς βασιλέα. Τὰ δὲ παραγενόμενα ἐπί τινα ποταμὸν ἀπενίζοντο. κολοιὸς δὲ συνιδὼν ἑαυτῷ περικειμένην δυσμορφίαν ἀπελθὼν καὶ τὰ ἀποπίπτοντα τῶν ὀρνέων πτερὰ συλλεξάμενος, ἑαυτῷ περιέθηκέ τε καὶ προσεκόλλησε. συνέβη οὖν ἐκ τούτου εὐειδέστερον πάντων γενέσθαι. ἐπέστη οὖν ἡ ἡμέρα τῆς προθεσμίας καὶ ἦλθον πάντα τὰ ὄρνεα πρὸς τὸν Δία. Τοῦ δὲ Διὸς μέλλοντος χειροτονῆσαι αὐτοῖς τὸν κολοιὸν βασιλέα διὰ τὴν εὐπρέπειαν ἀγανακτήσαντα τὰ ὄρνεα ἕκαστον τὸ οἰκεῖον πτερὸν ἀφείλετο ἐξ αὐτοῦ· καὶ ὁ κολοιὸς ἦν πάλιν κολοιός.

C. F. Aes. 103

35. Χελώνη καὶ ἀετός

Νωθὴς χελώνη λιμνάσιν ποτ᾽ αἰθυίαις
λάροις τε καὶ κήυξιν εἶπεν ἀγρώσταις·
„κἀμὲ πτερωτὴν εἴθε τις πεποιήκοι.“
τῇ δ᾽ ἐκ τύχης ἔλεξεν αἰετὸς ταῦτα·
„πόσον, χέλυμνα, μισθὸν αἰετῷ δώσεις,
ὅστις σ᾽ ἐλαφρὴν καὶ μετάρσιον θήσω,“
„τὰ τῆς Ἐρυθρῆς πάντα δῶρά σοι δώσω“.
„τοιγὰρ διδάξω“ φησίν. ὑπτίην δ᾽ ἄρας
ἔκρυψε νέφεσιν, ἔνθεν εἰς ὄρος ῥίψας
ἤραξεν αὐτῆς οὖλον ὄστρακον νώτων.
ἡ δ᾽ εἶπεν ἐκψύχουσα· „σὺν δίκῃ θνήσκω·

* 48 *

heit. Auch jetzt noch denken sie hoch von ihr und suchen ihren Umgang, um von ihr zu lernen. Aber das ist umsonst. Denn die alte Eule war wirklich klug und konnte Rat erteilen. Die Eule von heute hat nur ihre Federn, ihre Augen und ihren krummen Schnabel. Sonst aber ist sie noch dümmer als die übrigen Vögel.

34. Fremde Federn

Zeus wollte den Vögeln einen König geben. Daher setzte er eine Versammlung an; in dieser wollte er den schönsten zum König machen. Da eilten alle Vögel zum Fluß, um sich zu säubern und zurechtzuzupfen. Auch die Krähe kam, und da sie sich ihrer Häßlichkeit bewußt war, sammelte sie die Federn, die den andern Vögeln bei ihrem Putz entfielen, und fügte diese dem eigenen Gefieder ein. So kam es, daß sie viel bunter aussah als alle andern Vögel. Dem Zeus aber gefiel sie, und er wollte sie zum König machen. Da gerieten die andern Vögel in Zorn: sie stürzten sich auf sie, und jeder entriß ihr die eigenen Federn. Und die Krähe war wieder eine Krähe.

35. Verderblicher Ehrgeiz

Die Möven, Weihen, Taucher und die Strandvögel
bat herzbewegend einst die träge Schildkröte:
„O, wenn doch einer mir ein Flügelpaar schenkte!"
Zufällig hört's der Adler und: „Wieviel", fragt er,
„Schildkrötchen, wirst dem Adler du als Lohn geben,
wenn er bewirkt, daß leicht du in der Luft schwebst?"
„Des Roten Meeres Schätze sollst du ganz haben."
„Nun wohl, ich lehr's dich", und sie in die Luft hebend
trug sie der Adler zu den Wolken. Dann aber
warf er sie ins Gebirge, und der Schildkröte
Gehäus zerbrach, das feste. Noch im Tod sprach sie:

τίς γὰρ νεφῶν μοι καὶ τίς ἦν πτερῶν χρείη,
τῇ καὶ χαμᾶζε δυσκόλως προβαινούσῃ;"

Babr. 115

36. Χελώνη καὶ λαγωός

Ποδῶν χελώνης κατεγέλα λαγωὸς καὶ ἀργίας· ἡ δὲ ἔφη·
„ἐγώ σὲ τὸν ταχὺν ἐν τοῖς ποσὶ νικήσω". ὁ δέ· „λόγῳ μόνῳ,
χελώνη, λέγεις τοῦτο· ἀλλ' ἔριζε καὶ γνώσῃ. τίς δὲ τὸν τόπον
ὁριεῖ καὶ βραβεύσει τὴν νίκην;" ἀλώπηξ ἡ δικαία καὶ σοφω-
τάτη ἔταξεν ὁδὸν τῶν δρόμων τὴν εὐθεῖαν. ἡ δὲ χελώνη
μὴ ῥᾳθυμήσασα ἤρξατο τῆς ὁδοῦ πρὸς τὸ αὐτῆς ἀφορῶσα
δυσκίνητον. ὁ δὲ λαγωὸς θαρρῶν τοῖς ποσὶν ἐκοιμήθη· καὶ
ἐλθὼν ἐπὶ τοῦ ὡρισμένου τόπου εὗρε νικῶσαν τὴν βραδεῖαν
χελώνην.

C. F. Aes. 254

37. Πίθηκος καὶ δελφίς

Ἔθους ὄντος τοῖς πλέουσι Μελιταῖα κυνίδια καὶ πιθήκους
ἐπάγεσθαι πρὸς παραμυθίαν τοῦ πλοῦ πλέων τις εἶχε σὺν
ἑαυτῷ καὶ πίθηκον. γενομένων δ' αὐτῶν κατὰ τὸ Σούνιον, τὸ
τῆς Ἀττικῆς ἀκρωτήριον, χειμῶνα σφοδρὸν συνέβη γενέσθαι.
τῆς δὲ νεὼς περιτραπείσης καὶ πάντων διακολυμβώντων ἐνή-
χετο καὶ ὁ πίθηκος. δελφὶς δέ τις αὐτὸν θεασάμενος καὶ ἄνθρωπον εἶναι ὑπολαβὼν ὑπελθὼν ἀνεῖχε διακομίζων ἐπὶ τὴν χέρ-
σον. ὡς δὲ κατὰ τὸν Πειραιᾶ ἐγένετο, τὸ τῶν Ἀθηναίων
ἐπίνειον, ἐπυνθάνετο τοῦ πιθήκου, εἰ τὸ γένος ἐστὶν Ἀθηναῖος.
τοῦ δὲ εἰπόντος καὶ λαμπρῶν ἐνταῦθα τετυχηκέναι γονέων
ἐπανήρετο, εἰ καὶ τὸν Πειραιᾶ ἐπίσταται. ὑπολαβὼν δὲ ὁ
πίθηκος περὶ ἀνθρώπου αὐτὸν λέγειν ἔφη καὶ μάλα φίλον

„Geschieht mir Recht, der Törin! Warum mußt' ich
das Reich der Wolken und ein Flügelpaar wünschen,
da ich am Boden schon mit Müh mich fortschleppte?"

36. Der Wettlauf zwischen der Schildkröte und dem Hasen

Der Hase verspottete einst die lahme Schildkröte wegen
ihrer Faulheit. „Höre, du Schnelläufer", entgegnete die
Schildkröte, „ich werde dich im Wettlauf besiegen." „Das
kannst du leicht sagen", antwortete der Hase, „aber laß dich
nur in den Kampf ein, dann wirst du etwas erleben. Wer
soll nun den Platz abstecken und den Sieger verkünden?"
Das weiseste und gerechteste Tier, der Fuchs, steckte die
gerade Linie ab. Die Schildkröte, ihrer Schwerfälligkeit bewußt, war nicht müßig und machte sich sofort auf den Weg.
Der Hase aber in seinem Übermut legte sich erst einmal
schlafen. Als er dann ans Ziel kam, fand er dort die lahme
Schildkröte als Siegerin.

37. Der Freund der Wahrheit

Bekanntlich pflegt man auf Seereisen Malteserhündchen
und Affen mitzunehmen, um sich mit ihnen unterwegs die
Zeit zu vertreiben. So brachte auch einst einer einen Affen
mit an Bord. Als sie nun aber beim Sunion, dem Vorgebirge
Attikas, waren, erhob sich ein gewaltiger Sturm, und das
Schiff kenterte. Alle suchten das Land durch Schwimmen zu
erreichen, und so trieb auch der Affe in den Wellen. Ein Delphin sah ihn und nahm ihn auf seinen Rücken, um ihn zu
retten, da er ihn für einen Menschen hielt. Wie sie sich nun
dem Piräus, dem Hafen Athens, näherten, fragte der Delphin
seinen Schützling, ob er aus Athen sei. Der Affe antwortete:
„Natürlich! Ich stamme aus einem der ersten Geschlechter
Athens." Der Delphin fragte dann weiter, ob er denn auch
den Piräus kenne. Der Affe meinte, jener rede von einem

εἶναι αὐτῷ καὶ συνήθη. καὶ ὁ δελφὶς ἐπὶ τοσούτῳ ψεύδει ἀγανακτήσας βαπτίζων αὐτὸν ἀπέκτεινεν.

C. F. Aes. 75

38. Τέττιγες

Λέγεται, ὡς οἱ τέττιγές ποτ' ἦσαν ἄνθρωποι τῶν πρὶν Μούσας γεγονέναι. γενομένων δὲ Μουσῶν καὶ φανείσης ᾠδῆς οὕτως ἄρα τινὲς τῶν τότε ἐξεπλάγησαν ὑφ' ἡδονῆς, ὥστε ᾄδοντες ἠμέλησαν σίτων τε καὶ ποτῶν, καὶ ἔλαθον τελευτήσαντες αὑτούς. ἐξ ὧν τὸ τεττίγων γένος μετ' ἐκεῖνο φύεται, γέρας τοῦτο παρὰ Μουσῶν λαβὸν μηδὲν τροφῆς δεῖσθαι γενόμενον, ἀλλ' ἄσιτόν τε καὶ ἄποτον εὐθὺς ᾄδειν, ἕως ἂν τελευτήσῃ καὶ μετὰ ταῦτα ἐλθὸν παρὰ Μούσας ἀπαγγέλλειν, τίς τίνα αὐτῶν τιμᾷ τῶν ἐνθάδε.

Plat. Phaedr. 259

39. Λύκοι καὶ πρόβατα

(ὁ δὲ [ἄγγελος Κροίσου]... ἔπειθε τοὺς Σαμίους ἔκδοτον δοῦναι τὸν Αἴσωπον· ὁ δὲ Αἴσωπος εἰς μέσον ἐλθὼν καὶ σιγὴν αἰτήσας ἔφη· ἄνδρες Σάμιοι ... θέλω λόγον ὑμῖν εἰπεῖν)

Καθ' ὃν καιρὸν ἦν ὁμόφωνα τὰ ζῷα, πόλεμον ἔσχον οἱ λύκοι μετὰ τῶν προβάτων. οἱ οὖν λύκοι κατεδυνάστευον. τῶν δὲ κυνῶν συμμαχησάντων τοῖς προβάτοις ἀπεσόβησαν τοὺς λύκους. οἱ δὲ λύκοι ἕνα πρέσβυν ἀποστείλαντες πρὸς τὰ πρόβατα εἶπον· „ἐὰν θέλητε μετ' εἰρήνης ζῆν καὶ πολέμου ὑποψίαν μὴ ἔχειν, ἔκδοτε ἡμῖν τοὺς κύνας." τὰ δὲ πρόβατα μωρὰ ὄντα ἐπείσθησαν τοῖς λύκοις καὶ παρέδωκαν τοὺς κύνας. οἱ δὲ λύκοι τοὺς κύνας διασπαράξαντες εὐκαίρως διέφθειραν καὶ τὰ πρόβατα.

vita Aes. W 42

Menschen, und sagte: „Jawohl, das ist einer meiner allerbesten Freunde." Da aber ergrimmte der Delphin über eine so unverschämte Lüge und tauchte unter, so daß der Affe ertrank.

38. Die Cikaden

Ehe die Musen geschaffen waren, waren auch die Cikaden Menschen. Als aber die Musen geschaffen waren und zum erstenmal ein Lied ertönte, wurden einige von ihnen so von der Begeisterung gepackt, daß sie Essen und Trinken vergaßen und nur noch sangen. Auf diese Weise aber richteten sie sich, ohne daß sie es merkten, selbst zugrunde. Da erbarmte sich die Gottheit ihrer und verwandelte sie in Cikaden. Diese aber haben von den Musen die Gabe empfangen, daß sie keiner Speise bedürfen. Ohne zu essen und zu trinken singen sie immerfort bis zu ihrem Tod. Dann aber eilen sie zu den Musen und berichten ihnen, wer von den Menschen eine der Musen ehrt.

39. Die törichten Schafe

(Als Kroisos die Auslieferung des Äsop begehrte, erhob sich dieser in der Volksversammlung und sprach: Ihr Männer von Samos, ich will euch eine Fabel erzählen.)

Als alle Tiere noch eine Sprache redeten, war Krieg zwischen den Wölfen und Schafen, und die Wölfe waren weitaus überlegen. Da verbündeten sich die Schafe mit den Hunden, und diese verjagten die Wölfe. Nun aber schickten die Wölfe einen Gesandten zu den Schafen und ließen ihnen sagen: „Wenn ihr mit uns in Frieden leben und nicht immer Angst vor einem Krieg haben wollt, so liefert uns die Hunde aus!" Die dummen Schafe aber ließen sich von den Wölfen betören und übergaben ihnen die Hunde. Die Wölfe aber zerrissen erst die Hunde, und dann fraßen sie auch in aller Behaglichkeit die Schafe.

40. Ὄφις καὶ καρκίνος

Ὄφις καρκίνῳ συνδιῃτᾶτο ἑταιρείαν πρὸς αὐτὸν ποιησάμενος. ὁ μὲν οὖν καρκίνος ἁπλοῦς ὢν τὸν τρόπον μεταβαλέσθαι κἀκεῖνον παρῄνει τῆς πανουργίας· ὁ δὲ οὐδοτιοῦν ἑαυτὸν παρεῖχε πειθόμενον. ἐπιτηρήσας δ᾽ ὁ καρκίνος αὐτὸν ὑπνοῦντα καὶ τοῦ φάρυγγος τῇ χηλῇ λαβόμενος καὶ ὅσον οἷόν τε πιέσας φονεύει. τοῦ δ᾽ ὄφεως μετὰ θάνατον ἐκταθέντος ἐκεῖνος εἶπεν· „οὕτως ἔδει καὶ πρόσθεν εὐθὺν καὶ ἁπλοῦν εἶναι· οὐδὲ γὰρ ἂν ταύτην τὴν δίκην ἔτισας."

C. F. Aes. 211

40 a.

ὁ καρκίνος ὧδ᾽ ἔφα
χαλᾷ τὸν ὄφιν λαβών·
εὐθὺν χρὴ τὸν ἑταῖρον ἔμμεν
καὶ μὴ σκολιὰ φρονεῖν.

scol. anon. 9 D

41. Τράγος καὶ ἄμπελος

Ἄμπελος ἐκόμα βότρυσι, παραπλήσιον δὲ ἦν τοῖς καρποῖς καὶ τὸ βλάστημα. τράγος δέ τις ὕβρει χρώμενος πλείονι τῆς ἀμπέλου παρέτρωγε, καὶ διελυμαίνετο προσιὼν τοῖς βλαστήμασιν. ἡ δὲ πρὸς αὐτὸν εἶπεν· „μένει σε τῆς ὕβρεως δίκη· σὺ μὲν γὰρ ἔσῃ μικρὸν ὕστερον ἱερεῖον τοῖς θύμασιν, ἐγὼ δὲ παρ᾽ ἐμαυτῆς ἀντισπείσω τὸν οἶνον."

C. F. Aes. 377

41 a.

Κἤν με φάγῃς ἐπὶ ῥίζαν, ὅμως ἔτι καρποφορήσω,
ὅσσον ἐπισπεῖσαί σοί, τράγε, θυομένῳ.

anthol. Pal. IX. 715

40. *Verspätete Besserung*

Eine Schlange und ein Krebs hielten Kameradschaft. Der Krebs war von biederem Charakter und setzte der Schlange immer zu, sie solle auch einen geraden Wandel führen. Aber die Schlange ließ nicht ab von ihrer Bosheit. Da wurde es dem Krebs zu dumm, er paßte ab, bis die Schlange schlief, packte sie dann mit seiner Schere am Hals und zwackte sie tot. Die Schlange ringelte sich noch etwas, dann lag sie gerade ausgestreckt da. Da sagte der Krebs: „So gerade und bieder hättest du früher sein sollen. Dann wäre dies Strafgericht nicht über dich gekommen."

40 a.

(Skolion, Lied beim Trinkgelage)
Also sprach zu der Schlange der Krebs,
packte sie fest mit der Schere an:
„Grade muß der Genosse sein,
krumme Gedanken taugen zu nichts."

41. *Vergeltung*

Ein Weinstock prangte mit Trauben und üppigem Laub. Da kam ein übermütiger Bock, nagte an der Rebe herum und verwüstete den Stock aufs schändlichste. Da sagte der Weinstock: „Dein Frevel wird bestraft werden. In kurzer Zeit wirst du zum Altar geführt werden, ich aber werde den Wein liefern, mit dem man das Opfer besprengt."

41 a.

(Epigramm der Anthologie)
„Friß mich nur bis auf die Wurzel! Es bleiben doch Trauben genügend,
dich zu besprengen, o Bock, wenn man zum Opfer dich führt!"

42. Βάτραχος καὶ μῦς

(Οἱ Δελφοὶ ... εἷλκον τὸν Αἴσωπον μετὰ βίας ἐπὶ τὸ κατακρημνίσαι αὐτόν. ὁ δὲ Αἴσωπος παρεκάλει αὐτοὺς ἐπὶ τὸ ἀκοῦσαι αὐτοῦ. ἐπιτρεψάντων δὲ αὐτῶν ἔφη·)

Ὅτε ἦν ὁμόφωνα τὰ ζῷα, μῦς βάτραχον φιλήσας ἐκάλεσεν αὐτὸν εἰς δεῖπνον καὶ ἀπήγαγεν αὐτὸν εἰς ταμιεῖον πλουσίου, ὅπου ἦν ἄρτος, τυρός, μέλι, ἰσχάδες καὶ ὅσα ἀγαθὰ καί φησιν· „ἔσθιε, βάτραχε, ἐξ ὧν βούλει." μετὰ δὲ τὸ εὐφρανθῆναι αὐτοὺς ἔφη ὁ βάτραχος πρὸς τὸν μῦν· „ἐλθὲ καὶ σὺ πρός με νῦν, πλήσθητι τῶν ἀγαθῶν μου. ἀλλ᾽ ἵνα μὴ ὄκνος σοι γένηται, προσαρτίσω τὸν πόδα σου τῷ ποδί μου." δήσας οὖν τὸν ποῦν τοῦ μυὸς τῷ αὐτοῦ ποδὶ ἥλατο εἰς τὴν λίμνην ἕλκων καὶ τὸν μῦν δέσμιον. ὁ δὲ πνιγόμενος ἔλεγεν· „ἐγὼ μὲν ὑπὸ σοῦ νεκρωθήσομαι, ἐκδικηθήσομαι δὲ ὑπὸ μείζονος" ἰκτὶν δὲ θεασάμενος τὸν μῦν πλέοντα καταπτὰς ἥρπασεν. ἐφέλκεται οὖν σὺν αὐτῷ καὶ ὁ βάτραχος καὶ οὕτως ἀμφοτέρους διεσπάραξεν.

vita Aes. W. 54

43. Ζεὺς καὶ ὄφις

Τοῦ Διὸς γάμους ποιοῦντος πάντα τὰ ζῷα ἀνήνεγκαν δῶρα, ἕκαστον κατὰ τὴν οἰκείαν δύναμιν· ὄφις δὲ ἕρπων, ῥόδον λαβὼν ἐν τῷ στόματι, ἀνέβη. ἰδὼν δὲ αὐτὸν ὁ Ζεὺς ἔφη· „τῶν ἄλλων πάντων τὰ δῶρα λαμβάνω, ἀπὸ δὲ τοῦ σοῦ στόματος οὐ λαμβάνω."

C. F. Aes. 248

44. Γαλῆ καὶ Ἀφροδίτη

Γαλῆ ποτ᾽ ἀνδρὸς εὐπρεποῦς ἐρασθείσῃ
δίδωσι σεμνὴ Κύπρις, ἡ πόθων μήτηρ,

42. *Was du tust, wirst du erleiden!*

(Als die Delpher den Äsop zum Richtplatz führten, bat er sie, erst noch eine Geschichte anzuhören. Sie willigten ein, und er erzählte.)

Als die Tiere noch alle die gleiche Sprache redeten, gewann eine Maus einen Frosch lieb. Daher lud sie ihn zum Mahle und führte ihn in die Vorratskammer eines Reichen. Da gab es Brot, Käs, Honig, Feigen und alle andern Leckerbissen. „Nun iß nach Herzenslust, lieber Frosch!" sagte die Maus. Der ließ sich das nicht zweimal sagen, und alle beide schwelgten in auserlesenen Genüssen. Dann sagte der Frosch: „Nun komm auch einmal zu mir, liebe Maus, und mäste dich an meinen Schätzen! Damit du aber bei der Reise durchs Wasser keine Angst bekommst, will ich deinen Fuß an meinen anbinden." Das tat er auch und sprang in den Teich, wobei er die Maus gefesselt mit sich zog. Als diese nun merkte, daß sie ertrinken mußte, sprach sie: „Ich werde von dir getötet werden, aber von einem Stärkeren werde ich gerächt werden." So starb sie. Aber wie sie noch auf dem Wasser dahintrieb, flog ein Habicht über den Teich. Der sah die Maus, schoß herab und ergriff sie und zugleich mit ihr den Frosch. Und er verschlang sie beide.

43. *Zeus und die Schlange*

Als Zeus Hochzeit hielt, brachten ihm alle Tiere Geschenke dar, ein jegliches nach Vermögen. Da nahm auch die Schlange eine Rose in den Mund und kroch hinauf zum Olymp. Zeus aber sprach: „Aller andern Tiere Geschenke nehme ich gern — aus deinem Mund aber nehme ich nichts."

44. *Aphrodite und das Wiesel*

Ein Wiesel liebte einen schönen Mann einst
und Kypris, die die Mutter heißt der Sehnsucht,

μορφὴν ἀμεῖψαι καὶ λαβεῖν γυναικείην
καλῆς γυναικός, ἧς τίς οὐκ ἰδὼν ἦρα;
ἰδὼν δ' ἐκεῖνος (ἐν μέρει γὰρ ἡλώκει)
γαμεῖν ἔμελλεν. ἡρμένου δὲ τοῦ δείπνου
παρέδραμεν μῦς· τὸν δὲ τῆς βαθυστρώτου
καταβᾶσα κοίτης ἐπεδίωκεν ἡ νύμφη.
γάμου δὲ δαιτὴ 'λέλυτο, καὶ καλῶς παίξας
Ἔρως ἀπῆλθε· τῇ φύσει γὰρ ἡττήθη.

Babr. 32

45. Τρεῖς λόγοι ἀληθινοί

Εἰς λύκον ἀλώπηξ ἐμπεσοῦσα δειλαίη
ζωγρεῖν ἐδεῖτο μηδὲ γραῦν ἀποκτείνειν.
ὁ δ' „ἢν λόγους μοι τρεῖς ἀληθινοὺς εἴπῃς,
ἐγώ σε νὴ τὸν Πᾶνα" φησί „ζωγρήσω".
ἡ δ' „εἴθε μὲν μοι πρῶτα μὴ συνηντήκεις·
ἔπειτα δ', εἴθε τυφλὸς ὢν ὑπηντήκεις·
τρίτον δ' ἐπ' αὐτοῖς εἴθε μὴ σύγ' εἰς ὥρας
ἵκοιο μηδὲ πάλιν ἐμοὶ συναντήσῃς."

Babr. 53

46. Μύρμηξ καὶ τέττιξ

Χειμῶνος ὥρη σῖτον ἐκ μυχοῦ σύρων
ἔψυχε μύρμηξ, ὃν θέρους σεσωρεύκει.
τέττιξ δὲ τοῦτον ἱκέτευε λιμώττων,
δοῦναί τι καὐτῷ τῆς τροφῆς, ὅπως ζήσῃ.
„τί οὖν ἐποίεις" φησί „τῷ θέρει τούτῳ;"
‚οὐκ ἐσχόλαζον, ἀλλὰ διετέλουν ᾄδων'.
γελάσας δ' ὁ μύρμηξ τόν τε πυρὸν ἐγκλείων
„χειμῶνος ὀρχοῦ", φησίν, „εἰ θέρους ηὔλεις".

Babr. 140

erbarmt' sich seiner und schuf es zum Weib um.
Es ward so schön, daß jeder gleich in Glut stand,
der es erblickte, und so auch der Jüngling.
Er warb um sie. Bereit schon stand das Festmahl.
Da huscht ein Mäuschen durch den Saal: die Braut springt
vom weichen Pfühle auf und jagt der Maus nach.
Aus war die Hochzeit! Der dies schlimme Spiel trieb,
Eros entwich. Auch er zwingt die Natur nicht.

45. Drei wahre Worte

Die feige Füchsin fiel in eines Wolfs Klauen
und fleht' ihn an: „O, laß mich altes Weib leben!
Zerreiß mich nicht!" Und er: „Ich will's, beim Pan!, tun,
sagst du drei Worte mir, die wirklich wahr sind."
„Nun wohl! O wärst du niemals in den Weg mir
getreten — oder, wenn es das Geschick wollte,
o wärest du als Blinder in den Weg mir
getreten — und zum dritten: mögest bald du
doch sterben und mir nimmer in den Weg treten!"
[Und bieder ließ der Wolf das alte Weib laufen.]

46. Ameise und Grille

Im Winter trocknete vor dem Bau die Ameise
das Korn, das sie im Sommer eingeheimst hatte.
Da kam die Grille, die sie hungrig anflehte:
„O gib mir Nahrung, sonst rafft mich der Tod hin!"
„Was triebst du denn im Sommer?" fragte jene.
„Ich war nicht faul, ich sang zu aller Welt Freude."
Da lachte die und sprach den Weizen wegschließend:
„Sangst du, wenn's heiß war, magst du jetzt im Frost tanzen."

47. Λαγωοὶ καὶ βάτραχοι

Γνώμη λαγωοὺς εἶχε μηκέτι ζῴειν,
πάντας δὲ λίμνης εἰς μέλαν πεσεῖν ὕδωρ,
ὁθούνεκ' εἰσὶν ἀδρανέστατοι ζῴων
ψυχάς τ' ἄτολμοι, μοῦνον εἰδότες φεύγειν.
ἐπεὶ δὲ λίμνης ἤγγισαν γυριναίης
καὶ βατράχων ὅμιλον εἶδον ἀκταίων
βαθέην ἐς ἰλὺν ὀκλαδιστὶ πηδώντων,
ἐπεστάθησαν, καί τις εἶπε θαρσήσας.
„ἆψ νῦν ἴωμεν. οὐκέτι χρεὼν θνήσκειν·
ὁρῶ γὰρ ἄλλους ἀσθενεστέρους ἡμῶν."

Babr 25

48. Κόραξ νοσῶν

Κόραξ νοσήσας εἶπε μητρὶ κλαιούσῃ·
„μὴ κλαῖε, μῆτερ, ἀλλὰ τοῖς θεοῖς εὔχου
νόσου με δεινῆς καὶ πόνων ἀνασφῆλαι."
„καὶ τίς σε, τέκνον", φησί, „τῶν θεῶν σώσει;
τίνος γὰρ ὑπὸ σοῦ βωμὸς οὐκ ἐσυλήθη;"

Babr. 78

49. Lupus et agnus

Ad rivum eundem lupus et agnus venerant
Siti conpulsi; superior stabat lupus
Longeque inferior agnus. Tunc fauce inproba
Latro incitatus iurgii causam intulit.
„Cur", inquit, „turbulentam fecisti mihi
Aquam bibenti?" Laniger contra timens:
„Qui possum, quaeso, facere, quod quereris, lupe?
A te decurrit ad meos haustus liquor."
Repulsus ille veritatis viribus:
„Ante hos sex menses male", ait, „dixisti mihi."
Respondit agnus: „Equidem natus non eram."

47. Die bekehrten Selbstmörder

Die Hasen waren dieses Lebens einst müde
und wollten sich in einen dunkeln Teich stürzen.
„Denn", sagten sie, „kein Wesen ist so ohnmächtig,
so feigen Sinns, nur fähig zum Davonlaufen."
Doch als sie jetzt am Rand des runden Teichs standen,
da sahn sie knickebeinig rings die Sumpffrösche
in hellen Haufen ängstlich in den Schlamm springen.
Sie hielten an, und einer sagte Mut fassend:
„Wir brauchen nicht zu sterben! Laßt uns heimkehren.
Es gibt, so seh ich, auch noch größre Schwächlinge."

48. Der kranke Rabe

Der kranke Rabe, dessen Mutter laut schluchzte,
sprach: „Weine nicht, du mußt die Götter anflehen,
daß sie der Krankheit herbe Pein mir abwenden."
„Und welche Gottheit", sprach sie, „wird denn dich retten?
Wo ist ein Altar, wo du nicht das Fleisch stahlest?"

49. Der Wolf und das Lamm

Zum gleichen Bache kam der Wolf einst und das Lamm,
vom Durst getrieben. Weiter oben stand der Wolf,
das Lamm bachabwärts. Von dem nimmersatten Schlund
getrieben sucht der Räuber einen Grund zum Streit.
„Was trübst du mir das Wasser, das ich trinken will?"
beginnt er. Und die Unschuld in dem Wollenkleid
entgegnet zitternd: „Ach, wie soll das möglich sein?
Von dir herab zu meinen Lippen fließt das Naß."
Und der, bezwungen von der Wahrheit Allgewalt,
fährt fort: „Hast vor sechs Monden du mich nicht ge-
                                                      schmäht?"
„Nein", spricht das Lamm, „denn damals lebte ich noch
                                                      nicht."

„Pater hercle tuus ille", inquit, „male dixit mihi."
Atque ita' correptum lacerat iniusta nece.

Haec propter illos scripta est homines fabula,
Qui fictis causis innocentes opprimunt.

Phädr. I 1

50. Vulpes et corvus

Qui se laudari gaudet verbis subdolis,
Sera dat poenas turpes poenitentia.

Cum de fenestra corvus raptum caseum
Comesse vellet, celsa residens arbore,
Vulpes invidit, deinde sic coepit loqui:
„O qui tuarum, corve, pennarum est nitor!
Quantum decoris corpore et vultu geris!
Si vocem haberes, nulla prior ales foret.
At ille stultus, dum vult vocem ostendere,
Emisit ore caseum, quem celeriter
Dolosa vulpes avidis rapuit dentibus.
Tum demum ingemuit corvi deceptus stupor.

Phädr. I 13

51. Leo senex, aper, taurus et asinus

Quicumque amisit dignitatem pristinam,
Ignavis etiam iocus est in casu gravi.

Defectus annis et desertus viribus
Leo cum iaceret spiritum extremum trahens,
Aper fulmineis spumans venit dentibus
Et vindicavit ictu veterem iniuriam.
Infestis taurus mox confodit cornibus
Hostile corpus. Asinus, ut vidit ferum
Inpune laedi, calcibus frontem extudit.
At ille exspirans: „Fortes indigne tuli

„Dann war's dein Vater, der mich schmähte", schreit der
und würgt in unverdientem Tod sein Opfer ab.   [Wolf

Die Fabel zielt auf jene, die mit Lug und Trug
die Unschuld gerne unterdrücken vor Gericht.

50. Der Fuchs und der Rabe

Wer sich an einer Schmeichelzunge Lob ergötzt,
wird in nutzloser Reue späte Buße tun.

Ein Rabe stahl vom offnen Fenster einen Käs
und setzte sich zum Schmaus auf einen hohen Baum.
Da nahte gierig ihm der Fuchs mit solchem Spruch:
„Wie herrlich strahlt, o Rabe, dein Gefieder doch!
Wie adlig ist dein Haupt und deiner Glieder Bau!
Wärst du nicht stumm — es käme dir kein Vogel gleich."
Doch wie der Tor nun seine Stimme zeigen will,
entfällt der Käs dem Schnabel, den der schlaue Fuchs
mit gierigen Zähnen auffängt. Nun erst stöhnt,
zu spät, des Raben schwer betrogne Torheit auf.

51. Eselstritt

Wer seiner früheren Herrschermacht verlustig ging,
ist auch der Schlechten Spielball nun, nachdem er fiel.

In seinen letzten Zügen lag der Löwe da,
vom hohem Alter seiner früheren Kraft beraubt.
Da kam der Eber mit dem blanken Hauerpaar
und rächte altes Unrecht jetzt mit einem Stoß.
Der Stier durchbohrte ebenso mit grimmem Horn
den Leib des Feindes. Wie der Esel sah, daß man
straflos den Leu mißhandeln kann, zerstieß er ihm
mit seinem Huf die Stirne. Sterbend sprach der Leu:

Mihi insultare: te, naturae dedecus,
Quod ferre cogor, certe bis videor mori.‟

Phädr. I 21

52. Lupus et vulpes iudice simio

Quicumque turpi fraude semel innotuit,
Etiam si verum dicit, amittit fidem.
Hoc adtestatur brevis Aesopi fabula.

Lupus arguebat vulpem furti crimine;
Negabat illa se esse culpae proximam.
Tunc iudex inter illos sedit simius.
Uterque causam cum perorassent suam,
Dixisse fertur simius sententiam:
Tu non videris perdidisse, quod petis;
Te credo subripuisse, quod pulchre negas.

Phädr. I 10

III. TIER UND MENSCH

53. Ὄφις πατούμενος

Ὄφις ὑπὸ πολλῶν ἀνθρώπων πατούμενος τῷ Διὶ ἐνετύγχανεν. ὁ δὲ Ζεὺς πρὸς αὐτὸν εἶπεν· „ἀλλ᾿ εἰ τὸν πρότερόν σε πατήσαντα ἔπληξας, οὐκ ἂν ὁ δεύτερος ἐπεχείρησε τοῦτο ποιῆσαι.‟

C. F. Aes. 213

54. Γεωργὸς καὶ ὄφις

Γεωργοῦ παῖδα ὄφις ἑρπύσας ἀπέκτεινεν. Ὁ δὲ ἐπὶ τούτῳ δεινοπαθήσας πέλεκυν ἀνέλαβε καὶ παραγενόμενος εἰς τὸν φωλεὸν αὐτοῦ εἱστήκει παρατηρούμενος, ὅπως, ἂν ἐξίῃ, εὐθέως αὐτὸν πατάξῃ. παρακύψαντος δὲ τοῦ ὄφεως κατενεγκὼν τὸν πέλεκυν τοῦ μὲν διήμαρτε, τὴν δὲ παρακειμένην πέτραν διέκοψεν. εὐλαβηθεὶς δὲ ὕστερον παρεκάλει αὐτόν, ὅπως αὐτῷ

„Mich schmerzte tief der tapfern Kämpen schnödes Tun,
doch daß von dir, du Schandfleck der Natur, ich dies
ertragen muß, heißt doppelt sterben in der Tat."

52. Durchschaute Spitzbuben

Wer schon einmal durch schlimmen Trug berüchtigt ward,
dem glaubt man nicht mehr, wenn er auch die Wahrheit
Das lehrt in dieser kurzen Fabel euch Äsop.   [spricht.

Den Fuchs bezichtigt eines Diebstahls einst der Wolf.
Der aber leugnet, daß just er der Täter sei,
und über beide sitzt der Affe zu Gericht.
Nachdem nun beide ihre Sache vorgebracht,
erging, so heißt es, so des Affen Richterwort:
„Was du beanspruchst, Wolf, verlorst du sicher nicht,
und du, Fuchs, stahlst — trotz deiner Sprüche — es gewiß."

III. TIER UND MENSCH

53. Die getretene Schlange

Die Schlange war es satt, von den Menschen getreten zu
werden, und wandte sich an Zeus. Der aber sagte: „Wenn
du den ersten, der dich trat, gebissen hättest, hätte kein
zweiter das zu tun versucht."

54. Die Hausschlange und der Bauer

Ein Bauer hatte in seinem Gehöft eine Schlange, die er
als Schutzgeist des Hauses hoch hielt und der er täglich
Speise vorsetzte. Eines Tages aber biß die Schlange den
Sohn des Bauern, der sie gequält hatte, so daß dieser starb.
Da ergrimmte der Bauer und beschloß, die Schlange zu
töten. Deshalb nahm er eine Axt und stellte sich vor das

διαλλαγῇ· ὁ δὲ εἶπεν· „ἀλλ᾽ οὔτε ἐγὼ δύναμαί σοι εὐνοῆσαι ὁρῶν τὴν κεχαραγμένην πέτραν οὔτε σὺ ἐμοὶ ἀποβλέπων εἰς τὸν τοῦ παιδὸς τάφον."

C. F. Aes. 51

55. Ὁδοιπόρος καὶ ἔχις

Ὁδοιπόρος χειμῶνος ὁδεύων ὡς ἐθεάσατο ἔχιν ὑπὸ τοῦ κρύους διεφθαρμένον, τοῦτον ἐλεήσας ἀνείλετο καὶ βαλὼν εἰς τὸν ἑαυτοῦ κόλπον θερμαίνειν ἐπειρᾶτο. ὁ δέ, μέχρι μὲν ὑπὸ τοῦ ψύχους συνείχετο, ἠρέμει· ἐπειδὴ δὲ ἐθερμάνθη καὶ ἀνεζωώθη, ὀδὰξ εἰς τὴν γαστέρα αὐτοῦ ἀνῆκε. καὶ ὃς ἀποθνῄσκειν μέλλων ἔφη· „ἀλλ᾽ ἔγωγε δίκαια πέπονθα· τί γὰρ τοῦτον ἀπολλύμενον ἔσῳζον, ὃν ἔδει καὶ ἐρρωμένον ἀναιρεῖν;"

Aes. 97 b

56. Τέττιξ καὶ ἄνθρωπος

Ἄνθρωπος πένης ἀκρίδας θηρεύων ἤγρευσε καὶ τὴν εὔλαλον τέττιγα τὴν τερετίστριαν καὶ ἤθελεν ἀποκτεῖναι. ἡ δὲ πρὸς αὐτὸν εἶπε· „μή με μάτην ἀποκτείνῃς. οὐ στάχυν ἀδικῶ, οὐκ ἀκρεμόνα βλάπτω, συνθέσει δὲ τῶν πτερῶν καὶ ποδῶν χρηστὰ φθέγγομαι ὁδοιπόρους τέρπουσα. φωνῆς δὲ πλεῖον παρ᾽ ἐμοὶ οὐδὲν εὑρήσεις." ὁ δὲ ταῦτα ἀκούσας ἀφῆκεν αὐτήν.

Loch, in dem die Schlange hauste, um sie zu erschlagen, sobald sie herauskäme. Als dann die Schlange den Kopf hervorstreckte, schlug er zu. Aber die Schlange fuhr schnell zurück, und der Beilhieb spaltete nur den Stein oberhalb der Höhle. Nach einiger Zeit ging der Bauer in sich und beschloß, die Schlange wieder gut zu stimmen. Daher stellte er Honig und Milch vor den Eingang der Höhle und bat die Schlange, sich wieder mit ihm zu versöhnen. Aber die Schlange sagte: „Zwischen uns kann nicht Friede und Freundschaft sein, solange ich den gespaltenen Stein sehe und du das Grab deines Sohnes."

55. Unangebrachte Mildtätigkeit

Ein Wanderer, der im Winter seine Straße zog, fand eine Schlange, die vor Frost erstarrt war. Er hatte Mitleid mit ihr und barg sie an seinem Busen, um sie zu erwärmen. Solange die Schlange von der Kälte noch bewußtlos war, hielt sie still. Als sie aber von der Wärme ins Leben zurückgerufen war, fuhr sie an dem Manne zur Erde nieder und biß ihn dabei in den Leib. Jener aber sagte sterbend: „Mir geschieht Recht! Was mußte ich auch die aus der Todesgefahr retten, die ich, auch als sie noch bei Kräften war, hätte erschlagen sollen?"

56. Der Mensch und die Cikade

(vor Kroisos geführt, sprach Aisopos so:)

Ein armer Mann, der Heuschrecken nachstellte, fing unter ihnen auch eine lieblich zwitschernde Cikade. Als er sie töten wollte, sprach sie zu ihm: „Töte mich nicht, denn das hätte keinen Sinn. Ich schädige kein Zweiglein und keine Ähre, aber ich ergötze die Wanderer, indem ich meine Füße an meinen Flügeln reibend schöne Töne hervorbringe. Auch wirst du außer meiner Stimme nichts an mir finden." Als der Mann das hörte, ließ er die Cikade fliegen.

Κἀγώ, βασιλεῦ, δέομαί σου τῶν ποδῶν, μή με εἰκῇ ἀποκτείνῃς. οὔτε γὰρ δυνατός εἰμι ἀδικῆσαί τινα, ἐν δὲ εὐτελείᾳ σώματος χρηστὰ φθεγγόμενος βίους μερόπων ὀφέλλω.

vita Aes. W 43

57. Χὴν χρυσοτόκος

Ἑρμῆς θρησκευόμενος ὑπό τινος περιττῶς χῆνα αὐτῷ ἐχαρίσατο ὡὰ χρύσεα τίκτουσαν· ὁ δὲ οὐκ ἀναμείνας τὴν κατὰ μικρὸν ὠφέλειαν, ὑπολαβὼν δέ, ὅτι πάντα τὰ ἐντὸς χρύσεα ἔχει ἡ χήν, οὐδὲν μελλήσας ἔθυσεν αὐτήν. συνέβη δ' αὐτῷ μὴ μόνον ὧν προσεδόκησε σφαλῆναι, ἀλλὰ καὶ τὰ ὠὰ ἀποβαλεῖν· τὰ γὰρ ἐντὸς πάντα σαρκώδη εὗρεν.

C. F. Aes. 89

58. Ἁλιεὺς αὐλῶν

Ἴωνες καὶ Αἰολέες, ὡς οἱ Λυδοὶ τάχιστα κατεστράφατο ὑπὸ Περσέων, ἔπεμπον ἀγγέλους ἐς Σάρδις παρὰ Κῦρον ἐθέλοντες ἐπὶ τοῖσι αὐτοῖσι εἶναι τοῖσι καὶ Κροίσῳ ἦσαν κατήκοοι. ὁ δὲ ἀκούσας αὐτέων τὰ προΐσχοντο ἔλεξέ σφι λόγον, ἄνδρα φὰς αὐλητὴν ἰδόντα ἰχθῦς ἐν τῇ θαλάττῃ αὐλέειν δοκέοντά σφεας ἐξελεύσεσθαι ἐς γῆν· ὡς δὲ ψευσθῆναι τῆς ἐλπίδος, λαβεῖν ἀμφίβληστρον καὶ περιβαλεῖν τε πλῆθος πολλὸν τῶν ἰχθύων καὶ ἐξειρύσαι· ἰδόντα δὲ παλλομένους εἰπεῖν ἄρα αὐτὸν πρὸς τοὺς ἰχθῦς· „παύεσθέ μοι ὀρχεόμενοι, ἐπεὶ οὐδ' ἐμέο αὐλέοντος ἠθέλετε ἐκβαίνειν ὀρχεόμενοι." Κῦρος μὲν τοῦτον τὸν λόγον τοῖσι Ἴωσι καὶ τοῖσι Αἰολεῦσι τῶνδε εἵνεκα ἔλεξε, ὅτι δὴ οἱ Ἴωνες πρότερον αὐτοῦ Κύρου δεηθέντος δι' ἀγγέλων ἀπίστασθαί σφεας ἀπὸ Κροίσου οὐκ ἐπείθοντο, τότε δὲ κατεργασμένων τῶν πρηγμάτων ἔσαν ἕτοιμοι πείθεσθαι Κύρῳ.

Herod. I 141

So umfasse auch ich, König, bittflehend deine Füße. Töte mich nicht, denn das hätte keinen Sinn. Ich bin keiner der Mächtigen, die dir schaden könnten. Aber in aller Schlichtheit weise Lehren verkündend bessere ich die Menschen.

57. Die Henne, die goldene Eier legt

Ein Mann verehrte den Hermes inständig, und dieser schenkte ihm eine Henne, die goldene Eier legte. Aber der Mann war mit dem sich so langsam mehrenden Gewinn nicht zufrieden. Er glaubte, auch die Eingeweide der Henne müßten golden sein, und tötete sie unverzüglich. Aber er sah sich in seinen Erwartungen getäuscht. Die Eingeweide der Henne waren wie die aller andern, und goldene Eier gab es nun auch nicht mehr.

58. Der Fischer und die Fische

Sofort nachdem die Lyder von den Persern unterworfen worden waren, schickten die Ioner und die Aeoler Gesandte an Kyros und erklärten, sie seien bereit, unter denselben Bedingungen seine Untertanen zu werden wie früher die des Kroisos. Als Kyros ihren Antrag gehört hatte, erzählte er ihnen folgende Fabel.

Ein Fischer sah, daß das Meer voller Fische war. Da setzte er sich an den Strand und begann Flöte zu spielen. Denn er hoffte, die Fische würden dann ans Land zu ihm herauskommen. Als er sich aber in dieser Hoffnung getäuscht sah, ergriff er ein Netz, fing eine Menge Fische und warf sie auf den Strand. Wie er sie dann da zappeln sah, sagte er zu ihnen: „Hört mir auf zu tanzen! Vorhin, als ich Flöte spielte, wolltet ihr ja auch nicht herauskommen und tanzen."

Diese Fabel erzählte Kyros den Ionern und Aeolern aus diesem Grunde: als früher Kyros die Ioner durch Gesandte bat, von Kroisos abzufallen, ließen sie sich nicht dazu überreden. Nun aber, da die Dinge eine andere Gestalt angenommen hatten, waren sie bereit, dem Kyros zu gehorchen.

59. Χελιδών καὶ ὄρνεις

῎Αρτι τοῦ ἰξοῦ φυομένου ἡ χελιδὼν αἰσθομένη τὸν ἐνιστά-
μενον τοῖς πτηνοῖς κίνδυνον, συναθροίσασα πάντα τὰ ὄρνεα,
συνεβούλευεν αὐτοῖς μάλιστα μὲν τὰς ἰξοφόρους δρῦς ἐκκόψαι,
εἰ δ’ ἄρα τοῦτο αὐτοῖς ἀδύνατον, ἐπὶ τοὺς ἀνθρώπους κατα-
φυγεῖν καὶ τούτους ἱκετεῦσαι, ὅπως μὴ χρησάμενοι τῇ τοῦ ἰξοῦ
ἐνεργείᾳ συλλαμβάνωσιν αὐτά. τῶν δὲ γελασάντων αὐτὴν
ὡς ματαιολογοῦσαν αὕτη παραγενομένη ἱκέτις τῶν ἀνθρώπων
ἐγένετο· οἱ δ’ ἀποδεξάμενοι αὐτὴν ἐπὶ τῇ συνέσει καὶ σύνοικον
αὐτοῖς προσελάβοντο. οὕτω συνέβη τὰ λοιπὰ ὄρνεα ἀγρευό-
μενα ὑπὸ τῶν ἀνθρώπων κατεσθίεσθαι, μόνην δὲ τὴν χελιδόνα
ὡς πρόσφυγα καὶ ἐν ταῖς αὐτῶν οἰκίαις ἀδεῶς νεοττοποιεῖσθαι.

C. F. Aes. 39

60. Ὀρνιθοθήρας καὶ κορυδαλός

Ὀρνιθοθήρας πτηνοῖς πάγην ἵστα· κορυδαλὸς δὲ αὐτὸν
θεασάμενος ἤρετο, τί ποιεῖ. τοῦ δὲ εἰπόντος πόλιν κτίζειν, καὶ
μικρὸν ὑποχωρήσαντος πεισθεὶς τοῖς λόγοις προσῆλθε καὶ τὸ
δέλεαρ ἐσθίων ἔλαθεν ἐμπεσὼν εἰς τοὺς βρόχους. τοῦ δὲ ὀρνιθο-
θήρου προσδραμόντος καὶ συλλαβόντος αὐτὸν ἔφη· „ἐὰν τοι-
αύτας πόλεις κτίζῃς, πολλοὺς τοὺς ἐνοικοῦντας εὑρήσεις."

C. F. Aes. 207

61. Νέος ἄσωτος καὶ χελιδών

Νέος ἄσωτος καταφαγὼν τὰ πατρῷα ἱματίου μόνου αὐτῷ
περιλειφθέντος, ὡς ἐθεάσατο χελιδόνα παρὰ καιρὸν ὀφθεῖσαν,
οἰόμενος θέρος ἤδη εἶναι ὡς μηκέτι δεόμενος τοῦ ἱματίου καὶ
τοῦτο φέρων ἀπημπόλησεν. ὕστερον δὲ χειμῶνος ἐπιλαβόντος
καὶ σφοδροῦ τοῦ κρύους γενομένου περιιὼν ἐπειδὴ εἶδε τὴν χελι-

59. Die Schwalbe und die Vögel

Als die Mistel emporwuchs, erkannte die Schwalbe sofort die Gefahr, die von ihr den Vögeln drohte. Daher versammelte sie diese und riet ihnen, vor allem die Eichen auszurotten, auf denen die Mistel wachse. „Falls das aber unmöglich ist", fuhr sie fort, „wollen wir uns bittflehend an die Menschen wenden und sie ersuchen, den Mistelleim nicht zu verwenden, um uns zu fangen." Aber die Vögel verlachten sie wegen dieser törichten Rede. Da wandte sich die Schwalbe bittflehend an die Menschen. Die freuten sich über ihre Klugheit und nahmen sie als Hausgenossin an. — So werden denn die andern Vögel von den Menschen mit Leimruten gefangen und verspeist, aber die Schwalbe darf als ihr Schützling sogar in ihren Häusern ihr Nest bauen.

60. Die Lerche und der Vogelsteller

Eine Lerche sah, wie ein Vogelsteller seine Falle herrichtete. Neugierig flog sie hinzu und fragte ihn: „Was machst du denn da?" „Ich gründe eine Stadt", sagte der Vogelsteller und zog sich hinter den Busch zurück. Arglos flog die Lerche näher heran und fraß von der ausgelegten Lockspeise. Ehe sie sich's versah, war sie gefangen, und der Vogelsteller eilte herbei. Als er sie aufgriff, sagte die Lerche: „Ja, wenn du auf diese Weise Städte gründest, wirst du viele Einwohner finden!"

61. Der Bummler und die Schwalbe

Ein liederlicher Jüngling vertat sein ganzes väterliches Erbe, so daß ihm schließlich nur noch ein Mantel blieb. Als er spazieren ging, sah er eine Schwalbe, die vor der Zeit aus dem Süden zurückgekehrt war. Da glaubte er, es sei schon Frühling, und er brauche jetzt keinen Mantel mehr. Also verkaufte er auch den schleunigst. Aber auf einmal schlug das Wetter um, und es wurde wieder bitter kalt. Als er nun

δόνα νεκρὰν ἐρριμμένην, ἔφη πρὸς αὐτήν· „ὦ αὕτη, σὺ κἀμὲ καὶ σὲ ἀπώλεσας."

C. F. Aes. 179

62. Ποιμὴν καὶ μάγειρος

(φράσω δὲ ... κατὰ τοὺς τοῦ Φρυγὸς λόγους
πλάττων.)

Ποιμὴν ἀνὴρ καὶ μάγειρος ἐβάδιζον ἄμφω κοινὴν ὁδόν. ἰδόντες δὲ ἐκ ποίμνης ἄρνα εὐτραφῆ πλανώμενον ἀπολειφθέντα τῶν συννόμων ὥσαντο ἐπ' αὐτὸν ἄμφω· ἦν δ' ἄρα τότε ὁμόφωνα καὶ τὰ θηρία τοῖς ἀνθρώποις. ἐρωτᾷ ὁ ἀμνός, τίς ὢν ἑκάτερος ἐθέλει αὐτὸν μεταχειρίσασθαι καὶ ἄγειν. ὡς δὲ ἐπύθετο τἀληθῆ αὐτὰ καὶ ἀμφοῖν τὴν τέχνην, φέρων ἑαυτὸν ἐπιτρέπει τῷ ποιμένι λέγων πρὸς τὸν μάγειρον· „σὺ μὲν γὰρ δήμιός τις εἶ καὶ μιαιφόνος τῆς ἀρνῶν ποίμνης, τούτῳ δ' ἐξαρκέσειεν ἂν καλῶς τὰ ἡμέτερα ἔρια."

Maxim. Tyr. XIX II a

63. Πολεμιστὴς καὶ κόρακες

Ἀνὴρ δειλὸς ἐπὶ πόλεμον ἐξῄει. Φθεγξαμένων δὲ κοράκων τὰ ὅπλα θεὶς ἡσύχαζεν. εἶτα ἀναλαβὼν αὖθις ἐξῄει, καὶ φθεγγομένων πάλιν ὑπέστη, καὶ τέλος εἶπεν· „ὑμεῖς κεκράξεσθε μὲν μέγιστον ὡς δυνατόν, ἐμοῦ δὲ οὐ γεύσεσθε."

Plut. vita Phoc. 9

64. Φρὺξ καὶ κορώνη

(βούλομαι δὲ ... ἐν Φρυγίᾳ τι συμβὰν εἰπεῖν ...)

Ἀνὴρ Φρὺξ ἐπὶ κτήνους ἐβάδιζεν. ὡς δὲ ἐθεάσατό τινα κορώνην οἰωνισάμενος — οἱ γὰρ Φρύγες τὰ τοιαῦτα δεινοί —

spazieren ging, fand er die Schwalbe tot am Strande liegen. Da sagte er: „O Schwälblein, du hast dich und mich zugrunde gerichtet."

62. Lamm, Hirt und Metzger

(Ich will euch eine Geschichte erzählen, die ich nach den Fabeln des Phrygers (Äsop) gestaltet habe.)

Ein Hirt und ein Metzger gingen gemeinsam über Land. Da sahen sie ein fettes Lamm, das von der Herde abgekommen war. Sofort schossen beide auf es los, und jeder wollte es haben. Da fragte das Lamm — denn damals redeten die Tiere noch die gleiche Sprache wie die Menschen —: „Was habt ihr für einen Beruf und was wollt ihr mit mir anfangen?" Beide gaben wahrheitsgemäß ihren Beruf an. Da überantwortete sich das Lamm dem Hirten und sagte zum Metzger: „Du bist ein mordgieriger Geselle und wütest wie ein Henker in der Schafherde. Dieser aber dürfte sich wohl mit meiner Wolle zufrieden geben."

63. Üble Vorzeichen soll man nicht fürchten

Ein kriegsunlustiger Mann mußte zu Felde ziehen. Als er auf dem Marsch war, hörte er plötzlich Raben krächzen. Da legte er zunächst seine Waffen nieder und blieb stehen. Dann aber nahm er die Waffen wieder auf und marschierte weiter. Als aber die Raben von neuem krächzten, blieb er wieder stehen. Schließlich jedoch sagte er: „Krächzt, so laut ihr wollt! Meinen Leib werdet ihr doch nicht zu fressen kriegen", und marschierte weiter.

64. Üble Vorzeichen treffen sicher ein

Ich will euch etwas erzählen, was sich in Phrygien zutrug.)

Ein Phryger fuhr auf seinem Ochsenwagen. Da sah er eine Krähe und hielt die für ein schlimmes Vorzeichen —

λίθῳ βάλλει καί πως τυγχάνει αὐτῆς. πάνυ οὖν ἥσθη καὶ νομίσας εἰς ἐκείνην τετράφθαι τὸ χαλεπὸν ἀναιρεῖται καὶ ἀναβὰς ἤλαυνεν. ἡ δὲ μικρὸν διαλιποῦσα ἀνέσφηλε, τὸ δὲ κτῆνος πτοηθὲν ἀποβάλλει τὸν ἄνδρα, καὶ ὃς πεσὼν κατάγνυσι τὸ σκέλος. ἐκεῖνος μὲν οὖν οὕτως ἀπήλλαξεν ἀχάριστος γενόμενος περὶ τὸ σύμβολον.

Dio Chrysost. XXXIV 5

65. Ἀλώπηξ καὶ δρυτόμος

Ἀλώπηξ κυνηγοὺς φεύγουσα ὡς ἐθεάσατό τινα δρυτόμον, τοῦτον ἱκέτευε κατακρύψαι αὐτήν· ὁ δ᾽ αὐτῇ παρήνεσεν εἰς τὴν ἑαυτοῦ καλύβην εἰσελθοῦσαν κρυβῆναι. μετ᾽ οὐ πολὺ δὲ παραγενομένων τῶν κυνηγῶν καὶ τοῦ δρυτόμου πυνθανομένων, εἰ τεθέαται ἀλώπεκα τῇδε παριοῦσαν, ἐκεῖνος τῇ μὲν φωνῇ ἠρνεῖτο ἑωρακέναι, τῇ δὲ χειρὶ νεύων ἐσήμαινεν, ὅπου κατεκέκρυπτο. τῶν δὲ οὐχ οἷς ἔνευε προσσχόντων, οἷς δὲ ἔλεγε πιστευσάντων ἡ ἀλώπηξ ἰδοῦσα αὐτοὺς ἀπαλλαγέντας, ἐξελθοῦσα ἀπροσφωνητὶ ἐπορεύετο· μεμφομένου δ᾽ αὐτὴν τοῦ δρυτόμου, εἴγε διασωθεῖσα ὑπ᾽ αὐτοῦ οὐδὲ διὰ φωνῆς αὐτῷ ἐμαρτύρησεν, ἔφη· „ἀλλ᾽ ἔγωγε ηὐχαρίστησα ἄν σοι, εἰ τοῖς λόγοις ὅμοια τὰ ἔργα τῆς χειρὸς εἶχες.“

C. F. Aes. 22

66. Λέων ἐρασθείς

Λέων ἁλοὺς ἔρωτι παιδὸς ὡραίης
παρὰ πατρὸς ἐμνήστευε. τῷ δ᾽ ὁ πρεσβύτης
οὐδέν τι δύσνουν οὐδ᾽ ὕπουλον ἐμφήνας
„δίδωμι γῆμαι“ φησί, „καὶ διδοὺς χαίρω·
τίς οὐ δυνάστῃ καὶ λέοντι κηδεύσει;
φρένες δὲ δειλαὶ παρθένων τε καὶ παίδων·
σὺ δ᾽ ἡλίκους μὲν ὄνυχας, ἡλίκους δ᾽ ἥμιν

denn die Phryger sind stark in solchem Aberglauben. Deshalb stieg er ab, warf nach ihr mit einem Stein und traf sie auch. Da freute er sich sehr, denn er glaubte, das Unheil nun auf sie abgewendet zu haben. Er stieg also wieder auf und fuhr weiter. Die Krähe aber war vorausgeflattert und stieg plötzlich vor dem Gefährt auf, so daß die Tiere scheuten. Sie warfen den Mann ab, und dieser brach ein Bein. Da sah er zu seinem Mißvergnügen ein, daß Vorzeichen in Erfüllung gehen.

65. Der Fuchs und der Holzhauer

Auf der Flucht vor Jägern sah der Fuchs einen Holzhauer und flehte den um Schutz an. Der Holzhauer sagte ihm, er solle sich irgendwo in seiner Hütte verstecken. Gleich darauf kamen auch die Jäger und fragten den Holzhauer, ob er nicht einen Fuchs habe vorbeilaufen sehen. Der leugnete das zwar mit Worten ab, aber mit der Hand wies er auf den Ort hin, wo jener verborgen war. Die Jäger aber sahen den Wink nicht, sie trauten den Worten und zogen ab. Wie der Fuchs sah, daß sie gegangen waren, wollte er sich lautlos davonschleichen. Aber der Holzhauer fuhr ihn an: „Nun habe ich dir das Leben gerettet, und du bedankst dich nicht einmal mit einem Wort?" „Ich würde mich schon bedankt haben", entgegnete der Fuchs, „wenn den Worten deines Mundes die Taten deiner Hand entsprächen."

66. Der verliebte Löwe

Ein Löwe, der ein schönes Menschenkind liebte,
hielt bei dem Vater um sie an. Der Greis zeigte
sich wohlgesinnt und frei von jeder Abneigung.
„Du sollst sie haben", sprach er „sollst sie gern haben —
des mächtigen Löwen Schwäher mag man wohl heißen!
Doch junger Mädchen Herzen sind sehr schwachmütig,
und was hast du für Klauen und für Raffzähne!

φέρεις ὀδόντας, τίς κόρη σε τολμήσει
ἀφόβως περιλαβεῖν; τίς δ' ἰδοῦσα μὴ κλαύσῃ;
πρὸς ταῦτα δὴ σκόπησον, εἰ γάμου χρῄζεις,
μηδ' ἄγριος θὴρ ἀλλὰ νυμφίος γίνου."
ὁ δὲ πτερωθεὶς τῇ δόσει τε πιστεύσας
ἐξεῖλε τοὺς ὀδόντας, εἶθ' ὑπὸ σμίλης
ἀπωνυχίσθη, τῷ τε πενθερῷ δείξας
τὴν παῖδ' ἀπῄτει. τὸν δ' ἕκαστος ἠλόα,
ῥοπάλῳ τις ἢ λίθῳ τις ἐκ χερὸς παίων.
ἔκειτο δ' ἀργὸς ὥσπερ ὗς ἀποθνῄσκων,
γέροντος ἀνδρὸς ποικίλου τε τὴν γνώμην
σοφίῃ διδαχθείς, ὡς ἄμικτον ἀνθρώπους
ἐρᾶν λεόντων ἢ λέοντας ἀνθρώπων.

Babr. 98

67. Λύκος καὶ γραῦς

Ἄγροικος ἠπείλησε νηπίῳ τίτθη
κλαίοντι· „παῦσαι, μή σε τῷ λύκῳ ῥίψω".
ὁ λύκος δ' ἀκούσας τήν τε γραῦν ἀληθεύειν
νομίσας ἔμεινεν ὡς ἕτοιμα δειπνήσων,
ἕως ὁ παῖς μὲν ἑσπέρης ἐκοιμήθη,
αὐτὸς δὲ πεινῶν καὶ λύκος χανὼν ὄντως
ἀπῆλθε νωθραῖς ἐλπίσιν παρεδρεύσας.
λύκαινα δ' αὐτὸν ἡ σύνοικος ἠρώτα·
„πῶς οὐδὲν ἄρας ἦλθες, ὥσπερ εἰώθεις;"
ὁ δ' εἶπε „πῶς γὰρ οὔ, γυναικὶ πιστεύσας;"

Babr. 16

68. Κορυδαλλὸς καὶ γεωργός

Κορυδαλλὸς ἦν τις ἐν χλόῃ νεοσσεύων,
ὁ τῷ χαραδριῷ πρὸς τὸν ὄρθρον ἀντᾴδων,
καὶ παῖδας εἶχε ληίου κόμῃ θρέψας
λοφῶντας ἤδη καὶ πτεροῖσιν ἀκμαίους.
ὁ δὲ τῆς ἀρούρης δεσπότης ἐποπτεύων

Wie soll sie furchtlos dir wohl in den Arm sinken?
Dein bloßer Anblick macht das zarte Kind weinen,
drum nahe dich als Freier, nicht als Raubtier!"
Der Löwe, freudetrunken, traut der Zusage,
läßt sich die Zähne ziehn und mit dem Schnitzmesser
die Nägel kürzen. So kommt er zum Brautvater,
die Braut zu fordern. Doch da schlägt mit Holzknüppeln,
mit Steinen alles auf ihn ein und Faustschlägen.
Bald lag er wehrlos, wie ein Schwein verröchelnd.
So hatte ihm der greise, höchst verschmitzte Schlaukopf
die Weisheit beigebracht, daß Ehebündnis
von Mensch und Tier und Tier und Mensch nicht angeht.

67. Der Wolf und das Weib

Dem Kind, das weinte, drohte einst die Landamme:
„Sei still, sonst werf' ich dich dem Wolf zum Fraß vor!"
Der Wolf kam just vorbei und hielt's für Wahrheit
und wartete voll Freuden, bis die Nacht kam.
Doch als das Kind zur Ruhe nun gebracht wurde,
zog hungrig auch mit leerem Maul der Wolf ab,
der lang vergeblich falscher Hoffnung nachhing.
Doch als die Wölfin, seine Frau, ihn ausfrug:
„Wie kommt's, daß nicht wie sonst du etwas mitbringst?"
sprach er: „Wie sollt' ich, der ich einem Weib glaubte?"

68. Die beste Hilfe

Die Haubenlerche nistete im Kornfeld,
ums Morgenrot wettsingend mit der Frühschwalbe,
und zog die Jungen groß mit zarten Saatspitzen,
so daß sie flügge schon mit stolzem Busch prangten.
Da kam der Herr des Felds einmal sein Korn mustern

ὡς ξανθὸν εἶδε τὸ θέρος, εἶπε· „νῦν ὥρη
πάντας καλεῖν μοι τοὺς φίλους, ἵν’ ἀμήσω“.
καί τις δὲ κορυδοῦ τῶν λοφηφόρων παίδων
ἤκουεν αὐτοῦ, τῷ τε πατρὶ μηνύει
σκοπεῖν κελεύων, ποῦ σφέας μεταστήσει.
ὁ δ’ εἶπεν· „οὔπω καιρός ἐστι νῦν φεύγειν·
ὃς γὰρ φίλοις πέποιθεν, οὐκ ἄγαν σπεύδει“.
ὡς δ’ αὖτις ἦλθεν, ἡλίου δ’ ὑπ’ ἀκτίνων
ἤδη ῥέοντα τὸν στάχυν θεωρήσας
μισθὸν μὲν ἀμητῆρσιν αὔριον πέμπειν,
μισθὸν δ’ ἔφασκε δραγματηφόροις δώσειν,
κορυδαλλὸς εἶπε παισὶ νηπίοις· „ὥρη
νῦν ἐστιν ὄντως, παῖδες, ἐκ τόπων φεύγειν,
ὅτ’ αὐτὸς ἀμᾷ κοὺ φίλοισι πιστεύει“.

Babr. 88

69. Αἴξ καὶ αἰπόλος

Αἴγας ποτ’ εἰς ἔπαυλιν αἰπόλος κλείζων
[ἐπὶ σηκὸν ἄγειν θ’, ὡς αἱ μὲν ἦλθον, αἱ δ’ οὔπω,]
μιᾶς ἀπειθοῦς ἐν φάραγγι τρωγούσης
κόμην γλυκεῖαν αἰγίλου τε καὶ σχίνου
τὸ κέρας κατῆξε μακρόθεν λίθῳ πλήξας.
τὴν δ’ ἱκέτευε· „μή, χίμαιρα συνδούλη,
πρὸς τοῦ σε Πανός, ὃς νάπας ἐποπτεύει,
τῷ δεσπότῃ, χίμαιρα, μή με μηνύσῃς·
ἄκων γὰρ ηὐστόχησα τὸν λίθον ῥίψας“.
ἡ δ’ εἶπε· „καὶ πῶς ἔργον ἐκφανὲς κρύψω;
τὸ κέρας κέκραγε, κἂν ἐγὼ σιωπήσω“.

Babr. 3

70. Cervus ad boves

Cervus nemorosis excitatus latibulis,
Ut venatorum fugeret instantem necem,
Caeco timore proximam villam petit
Et opportuno se bovili condidit.

und sprach, da falb die Ähren glänzten: „Zeit wird's,
daß alle meine Freunde ich zur Mahd rufe."
Doch von den jungen Lerchen mit dem Kopfbusche
vernahm es eine, die's dem Vater mitteilte.
„Schau zu", so sprach sie, „wo du jetzt uns ansiedelst!"
Der aber sprach: „Noch ist zur Flucht kein Anlaß.
Dem eilt's nicht sehr, der auf der Freunde Arm baut."
Bald kam der Bauer wieder. Von der Glutsonne
sah er die Körner aus den Ähren ausfallen.
„Zu morgen will ich Schnitter mir um Lohn mieten,
zu morgen", sprach er, „Garbenbinder anwerben".
Da rief die Lerche ihren Jungen: „Jetzund
ist's Zeit, daß eilig wir von hier hinwegflüchten,
da er nicht auf die Freunde baut und selbst schneidet."

69. Die Ziege und der Hirt

Ein Hirte trieb die Ziegen ins Gehöft ein.
Die einen folgten, andre waren unfolgsam,
besonders eine, die am würz'gen Mastix
und andern Sträuchern nagte in der Felsschlucht.
Der Hirte warf mit einem Stein und traf sie,
so daß das eine Horn abbrach. Da fleht er:
„Beim großen Pan, dem Hüter dieser Talschluchten,
verrat' dem Herrn mich, liebes Zicklein, Mitsklavin,
doch ja nicht, Zicklein! Nicht mit Absicht traf ich."
Die sprach: „Wie soll ich diese offenbare Tat bergen?
Das Horn wird schreien, wenn ich selbst auch stillschweige."

70. Der Hirsch im Ochsenstall

Ein Hirsch, den Jäger aus dem dichten Waldversteck
herausgescheucht, flieht, um dem Tode zu entgehn,
in blinder Angst dem nächsten Hofe zu und sucht
im frohbegrüßten Ochsenstalle ein Versteck.

Hic bos latenti: Quidnam voluisti tibi,
Infelix, ultro qui ad necem cucurreris
Hominumque tecto spiritum commiseris?
At ille supplex: Vos modo, inquit, parcite,
Occasione rursus erumpam data.
Spatium diei noctis excipiunt vices.
Frondem bubulcus adfert, nil ideo videt.
Eunt subinde et redeunt omnes rustici,
Nemo animadvertit: transit etiam vilicus,
Nec ille quicquam sentit. Tum gaudens ferus
Bubus quietis agere coepit gratias,
Hospitium adverso quod praestiterint tempore.
Respondit unus: Salvum te cupimus quidem;
Sed ille, qui oculos centum habet, si venerit,
Magno in periclo vita vertetur tua.
Haec inter ipse dominus a cena redit
Et, quia corruptos viderat nuper boves,
Accedit ad praesepe: Cur frondis parum est,
Stramenta desunt? Tollere haec aranea
Quantum est laboris? Dum scrutatur singula,
Cervi quoque alta conspicatur cornua;
Quem convocata iubet occidi familia
Praedamque tollit. Haec significat fabula,
Dominum videre plurimum in rebus suis.

Phädr. II 8

71. Πίθηκοι ὀρχησταί

Λέγεται βασιλεύς τις Αἰγύπτιος πιθήκους ποτὲ πυρριχίζειν
διδάξαι· καὶ τὰ θηρία (μιμηλότατα δέ ἐστι τῶν ἀνθρωπίνων)
ἐκμαθεῖν τάχιστα καὶ ὀρχεῖσθαι ἀλουργίδας ἀμπεχόμενα καὶ
προσωπεῖα περικείμενα· καὶ μέχρι γε πολλοῦ εὐδοκιμεῖν τὴν
θέαν, ἄχρι δή τις θεατὴς ἀστεῖος κάρυα ὑπὸ κόλπον ἔχων
ἀφῆκεν ἐς τὸ μέσον. οἱ δὲ πίθηκοι ἰδόντες καὶ ἐκλαθόμενοι τῆς
ὀρχήσεως, τοῦθ᾽ ὅπερ ἦσαν, πίθηκοι ἐγένοντο ἀντὶ πυρριχιστῶν

Allein ein Ochse spricht zu ihm: „Was machst du, Tor,
daß du dem Tod freiwillig in den Rachen läufst
und menschlicher Behausung gar dich anvertraust?"
Doch jener spricht voll Demut: „Wenn nur ihr mich schont,
will ich im rechten Augenblicke schon entfliehn."
Der Tag trat nun sein Reich ab an die dunkle Nacht.
Der Ochsenhirt bringt Heu herbei, doch merkt er nichts.
Die Knechte laufen und die Mägde durch den Stall —
den Hirsch sieht keiner. Nun macht der Verwalter noch
die Runde — und auch er sieht nichts. Da dankt der Gast
vom Wald den stummen Ochsen herzlich, daß sie ihm
in schwerer Zeit so treue Gastfreundschaft erzeigt.
Darauf spricht einer: „Alle wünschen wir dein Wohl,
doch wenn der eine mit den hundert Augen kommt,
dann schwebt dein Leben wahrlich ernsthaft in Gefahr."
So sprachen sie. Da kommt vom Essen her der Herr,
und weil er jüngst die Ochsen schlecht gehalten sah,
tritt er zur Krippe: „Schüttet doch mehr Futter auf!
Es fehlt an Streu! Es ist euch wohl der Müh zuviel,
das Spinnweb wegzuschaffen?" Also spürt er rings
und sieht auf einmal auch das hohe Hirschgeweih.
Rasch ruft er sein Gesinde und erlegt mit ihm
die schöne Beute.   Diese Fabel zeigt euch an,
daß stets der Herr in seinem Haus das meiste sieht.

71. Die tanzenden Affen

Ein ägyptischer König soll Affen das Tanzen haben lehren
lassen. Die Tiere, deren mimische Talente ja hervorragend
sind, begriffen die Kunst sehr schnell und tanzten mit Masken in Purpurgewändern. Eine Zeitlang ging die Sache gut;
dann aber kam ein Witzbold auf einen schlimmen Einfall.
Er brachte nämlich im Bausch seines Gewandes Nüsse mit
und warf diese mitten unter die Tanzenden. Wie die Affen

καὶ ξυνέτριβον τὰ προσωπεῖα καὶ τὴν ἐσθῆτα κατερρήγνυον καὶ ἐμάχοντο περὶ τῆς ὀπώρας πρὸς ἀλλήλους· τὸ δὲ σύνταγμα τῆς πυρρίχης διελέλυτο καὶ κατεγελᾶτο ὑπὸ τοῦ θεάτρου.

Luc. piscat. 36

72. Νεανίσκος καὶ ἵππος

... πάσχετε δὲ παραπλήσιόν τι, ὃ φασί τινα παθεῖν ἐφ᾽ ἵππον ἀναβάντα μαινόμενον. ἁρπάσας γὰρ αὐτὸν ἔφερεν αὐτὸν ὁ ἵππος· ὁ δ᾽ οὐκ ἔτι καταβαίνειν τοῦ ἵππου θέοντος ἐδύνατο· καί τις ἀπαντήσας ἠρώτησεν αὐτόν, ποῖ ἄπεισιν. ὁ δ᾽ εἶπεν· „ὅποι ἂν τούτῳ δοκῇ", δεικνὺς τὸν ἵππον.

Καὶ ὑμεῖς, ἄν τις ἐρωτᾷ, ποῖ φέρεσθε, τἀληθῆ ἐθέλοντες λέγειν ἐρεῖτε· „ὅποιπερ ἂν ταῖς ἐπιθυμίαις δοκῇ", κατὰ μέρος δέ, ὅποιπερ ἂν τῇ ἡδονῇ δοκῇ, ποτὲ δὲ ὅποι τῇ δόξῃ, ποτὲ δὲ αὖ τῇ φιλοκερδίᾳ· ποτὲ δὲ ὁ θυμός, ποτὲ δὲ ὁ φόβος, ποτὲ δὲ ἄλλο τι τοιοῦτον ὑμᾶς ἐκφέρειν δύναται.

Luc. cyn. 18

73. Σκύλακες δύο

Λυκοῦργος ὁ νομοθέτης βουλόμενος ἐκ τῆς προϋπαρχούσης διαίτης τοὺς πολίτας εἰς σωφρονεστέραν βίου τάξιν μετάγειν καὶ καλοκἀγαθικοὺς ἀπεργάζεσθαι (ἁβροδίαιτοι γὰρ ἦσαν) δύο σκύλακας ἀνέθρεψε τοῦ αὐτοῦ πατρὸς καὶ μητρὸς γενομένους· καὶ τὸν μὲν εἴθισε περὶ λιχνείας, οἴκοι ἐάσας· τὸν δὲ ἐπαγόμενος ἤσκησε περὶ κυνηγέσια. ἔπειτα ἀγαγὼν εἰς τὴν ἐκκλησίαν ἔθηκε λεκάνας καὶ λιχνείας τινάς, ἀφῆκε δὲ καὶ λαγών· ἑκατέρου δὲ ἐπὶ τὰ συνήθη ὁρμήσαντος καὶ θατέρου τὸν λαγὼν χειρωσαμένου εἶπεν· „ὁρᾶτε, ὦ πολῖται, ὅτι ταύτοῦ γένους ὑπάρχοντες ἐν τῇ τοῦ βίου ἀγωγῇ παρὰ πολὺ ἀλλήλων διάφοροι ἀπέβησαν, καὶ ποιητικωτέρα τῆς φύσεως ἡ

das sahen, vergaßen sie das Tanzen gänzlich und wurden aus Tänzern wieder zu Affen. Sie rissen sich die Masken vom Gesicht, zerfetzten die Purpurgewänder und balgten miteinander um die Beute. Das ganze Ballet stob auseinander, und das ganze Theater lachte.

72. Der Jüngling auf dem rasenden Pferd

... Es geht euch ganz ähnlich wie jenem Jüngling, der, wie man erzählt, ein rasendes Pferd bestiegen hatte. Das ging in wildem Jagen mit ihm durch, der Jüngling aber wagte nicht, während des Laufes abzuspringen. Da begegnete ihm einer und fragte ihn, wohin er denn wolle. „Wohin es diesem da gefällt", antwortete der Jüngling und deutete auf das Pferd.

So müßt auch ihr, wenn ihr der Wahrheit die Ehre geben wollt, auf die Frage: „Wohin treibt ihr eigentlich?" antworten: „Wohin es den Leidenschaften gefällt." Manchmal könntet ihr sagen: „Wohin uns die Lust", manchmal: „Wohin uns die Ruhmsucht", manchmal: „Wohin uns die Geldgier treibt." Denn manchmal läßt euch die Lust, manchmal die Angst, manchmal etwas anderes entgleisen.

73. Die Macht der Erziehung

Der Gesetzgeber Lykurg wollte die Spartaner der bei ihnen herrschenden Genußsucht entwöhnen und sie zu einer vernünftigeren Lebenshaltung bewegen und sie, die bis dahin weichlich waren, zu wahrhaft adligen Männern machen. Daher ersann er folgendes:

Er zog zwei Hunde von demselben Wurf auf, aber auf verschiedene Weise. Den einen hielt er im Haus und gewöhnte ihn an Leckereien, den andern nahm er mit auf die Jagd und härtete ihn ab. Dann brachte er beide mit in die Volksversammlung. Er stellte nun auf der einen Seite einen Teller mit Leckereien auf und ließ nach der andern einen Hasen

ἄσκησις πρὸς τὰ καλὰ τυγχάνει." τινὲς δέ φασιν, ὡς οὐ παρ-
ῆγε σκύλακας, οἳ ἐκ τῶν αὐτῶν γεγονότες ἐτύγχανον, ἀλλ᾽
ὁ μὲν ἐξ οἰκουρῶν, ἕτερος δὲ ἐκ κυνηγετῶν· κἄπειτα τὸν μὲν
ἐκ τοῦ χείρονος γένους πρὸς τὰ κυνηγέσια ἤσκησε, τὸν δὲ ἐκ
τοῦ ἀμείνονος περὶ λιχνείας μόνον εἴθισεν· εἶθ᾽ ἑκατέρου ἐφ᾽
ἃ εἴθιστο ὁρμήσαντος, φανερὸν ποιήσας, ὅσον ἡ ἀγωγὴ πρὸς
τὰ ἀμείνω καὶ χείρω συλλαμβάνεται, εἶπεν· „οὐκοῦν καὶ ἡμᾶς,
ὦ πολῖται, οὐδὲν ἡ παρὰ τοῖς πολλοῖς θαυμαζομένη εὐγένεια
καὶ τὸ ἀφ᾽ Ἡρακλέους εἶναι ὀνίνησιν, εἰ μὴ πράττομεν, δι᾽ ἃ
ἐκεῖνος ἁπάντων ἀνθρώπων ἐπιδοξότερος καὶ εὐγενέστερος
ἐφάνη, ἀσκούμενοι καὶ μανθάνοντες καλὰ δι᾽ ὅλου τοῦ βίου."

Plut. apophth. Lacon. 225 F

IV. MENSCHENFABELN

Götter und Menschen

74. Ἡρακλῆς καὶ Πλοῦτος

Ἡρακλῆς ἰσοθεωθεὶς καὶ παρὰ Διὶ ἑστιώμενος ἕνα ἕκαστον τῶν
θεῶν μετὰ πολλῆς φιλοφροσύνης ἠσπάζετο. καὶ δὴ τελευταίου
εἰσελθόντος τοῦ Πλούτου κατὰ τοῦ ἐδάφους κύψας ἀπεστρέ-
ψατο αὐτόν. ὁ δὲ Ζεὺς θαυμάσας τὸ γεγονὸς ἐπυνθάνετο αὐτοῦ τὴν αἰτίαν, δι᾽ ἣν πάντας ἀσμένως προσαγορεύσας μόνον
τὸν Πλοῦτον ὑποβλέπεται. ὁ δὲ εἶπεν· „ἀλλ᾽ ἔγωγε διὰ τοῦτο αὐτὸν ὑποβλέπομαι, ὅτι, παρ᾽ ὃν καιρὸν ἐν ἀνθρώποις ἤμην,
ἑώρων αὐτὸν ὡς ἐπὶ τὸ πλεῖστον τοῖς πονηροῖς συνόντα."

C. F. Aes. 113

laufen. Sofort stürzten sich beide auf die Dinge, die ihnen gewohnt waren, und der Jagdhund hatte auch bald den Hasen gefangen. Darauf sprach Lykurg: „Mitbürger, ihr seht, wie diese beiden, die von demselben Wurf stammen, durch Erziehung in ihrem Leben sehr verschieden geworden sind. Denn auf dem Weg zum Guten ist die Zucht mächtiger als die Natur." Andre berichten, er habe nicht Hunde von derselben Brut vorgeführt, sondern einen Sprößling von Haushunden und einen von Jagdhunden. Dann habe er den von der minderen Rasse zur Jagd abgerichtet und den von der besseren an Leckereien gewöhnt. Als nun jeder sich auf das stürzte, was ihm gewohnt war, sei bewiesen gewesen, daß Erziehung zum Besseren auch die schwächere Natur überwindet. Dann habe er gesagt: „So nützt auch uns, Mitbürger, unsere von der Menge bewunderte Abstammung von Herakles nichts, wenn wir nicht das leisten, wodurch jener berühmter und adliger geworden ist als alle Menschen. Durch das ganze Leben hindurch müssen wir uns üben, das Schöne zu erlernen."

IV. MENSCHENFABELN

Götter und Menschen

74. Herakles und der Reichtum

Als Herakles unter die Götter erhoben war und zum erstenmal an des Zeus Tafel Platz nahm, begrüßte er jeden der Götter mit großer Herzlichkeit. Als aber zuletzt Plutos [der Gott des Reichtums] eintrat, bückte sich Herakles zur Erde nieder und wollte nicht von ihm gesehen sein. Da wunderte sich Zeus und fragte ihn, warum er von allen Göttern nur den Plutos nicht begrüße. Herakles aber sagte: „Ich wende mich deshalb von ihm ab, weil ich ihn, während ich da unten bei den Menschen weilte, meist mit den Schlechten zusammen sah."

75. Ἄνθρωπος καὶ σάτυρος

Ἄνθρωπόν ποτε λέγεται πρὸς σάτυρον φιλίαν σπείσασθαι. καὶ δὴ χειμῶνος καταλαβόντος καὶ ψύχους γενομένου ὁ ἄνθρωπος προσφέρων τὰς χεῖρας τῷ στόματι ἐπέπνει. τοῦ δὲ σατύρου τὴν αἰτίαν ἐρομένου, δι' ἣν τοῦτο πράττει, ἔλεγεν, ὅτι θερμαίνει τὰς χεῖρας διὰ τὸ κρύος. ὕστερον δὲ παρατεθείσης αὐτοῖς τραπέζης καὶ προσφαγήματος θερμοῦ σφόδρα ὄντος ὁ ἄνθρωπος ἀναιρούμενος κατὰ μικρὸν τῷ στόματι προσέφερε καὶ ἐφύσα· πυνθανομένου δὲ πάλιν τοῦ σατύρου, τί τοῦτο ποιεῖ, ἔφασκε καταψύχειν τὸ ἔδεσμα, ἐπεὶ λίαν θερμόν ἐστι. κἀκεῖνος ἔφη πρὸς αὐτόν· „ἀλλ' ἀποτάσσομαί σου τῇ φιλίᾳ, ὦ οὗτος, ὅτι ἐκ τοῦ αὐτοῦ στόματος τὸ θερμὸν καὶ τὸ ψυχρὸν ἐξιεῖς."

C. F. Aes. 35

76. Βορέας καὶ Ἥλιος

Βορέας καὶ Ἥλιος περὶ δυνάμεως ἤριζον· ἔδοξε δὲ αὐτοῖς ἐκείνῳ τὴν νίκην ἀπονεῖμαι, ὃς ἂν αὐτῶν ἄνθρωπον ὁδοιπόρον ἐκδύσῃ. καὶ ὁ Βορέας ἀρξάμενος σφοδρὸς ἦν· τοῦ δὲ ἀνθρώπου ἀντεχομένου τῆς ἐσθῆτος μᾶλλον ἐπέκειτο. ὁ δὲ ὑπὸ τοῦ ψύχους καταπονούμενος ἔτι μᾶλλον καὶ περιττοτέραν ἐσθῆτα προσελάμβανεν, ἕως ἀποκαμὼν ὁ Βορέας τῷ Ἡλίῳ μεταπαρέδωκε. Κἀκεῖνος τὸ μὲν πρῶτον μετρίως προσέλαμψε· τοῦ δὲ ἀνθρώπου τὰ περισσὰ τῶν ἱματίων ἀποτιθεμένου σφοδρότερον τὸ καῦμα ἐπέτεινε, μέχρις οὗ πρὸς τὴν ἀλέαν ἀντέχειν μὴ δυνάμενος ἀποδυσάμενος ποταμοῦ παραρρέοντος ἐπὶ λουτρὸν ἀπῄει.

C. F. Aes. 46

77. Ξυλευόμενος καὶ Ἑρμῆς

Ξυλευόμενός τις παρά τινα ποταμὸν τὸν ἑαυτοῦ ἀπέβαλε πέλεκυν. τοῦ δὲ ῥεύματος παρασύραντος αὐτὸν καθήμενος ἐπὶ

75. Der Satyr und der Mensch

Ein Satyr und ein Mensch schlossen Freundschaft miteinander. Wie sie nun so beieinander waren, hauchte der Mensch in seine Hände, um sie zu erwärmen, denn es war Winter und kalt. Da fragte ihn der Satyr: „Was tust du da?" „Ich wärme mir die Hände", sagte der Mensch. Kurze Zeit darauf setzten sie sich zum Mahle. Da nun die Speise zu heiß war, führte der Mensch immer nur ein Bißchen davon zum Munde und blies darauf. „Was tust du da?" fragte wiederum der Satyr. „Ich kühle die Speise ab, weil sie zu heiß ist", entgegnete der Mensch. „Ich aber", sprach der Satyr, „sage dir die Freundschaft auf. Denn ich will nichts zu tun haben mit einem, der aus demselben Munde Wärme und Kälte hervorkommen läßt."

76. Gewalt und Überredung

Der Nordwind und die Sonne stritten einst, wer stärker sei. Schließlich kamen sie überein, der solle Sieger sein, der einen Wanderer veranlasse, sein Gewand abzulegen. Der Nordwind begann und blies mächtig. Als sich darauf der Mann fester in sein Gewand wickelte, setzte ihm der Wind noch stärker zu. Der Mann, den die Kälte durchschauerte, holte einen Mantel hervor und zog den über. Da gab der Nordwind den Kampf auf, und die Sonne trat an seine Stelle. Sie strahlte den Menschen zunächst nur milde an. Da legte der Mann den Mantel ab. Nun ließ die Sonne die Wärme mächtiger und immer mächtiger auf ihn eindringen. Da konnte es der Mann nicht mehr aushalten, warf alle Gewänder von sich und stürzte sich in die kühlenden Fluten des vorbeifließenden Flusses.

77. Hermes und der Holzhauer

Einem Holzhauer fiel seine Axt in den Fluß und wurde von der Strömung fortgetrieben. Wie er nun am Ufer saß und

τῆς ὄχθης ὠδύρετο, μέχρις οὗ ὁ Ἑρμῆς ἐλεήσας αὐτὸν ἧκε. καὶ μαθὼν παρ' αὐτοῦ τὴν αἰτίαν, δι' ἣν ἔκλαιε, τὸ μὲν πρῶτον καταβὰς χρυσοῦν αὐτῷ πέλεκυν ἀνήνεγκε καὶ ἐπυνθάνετο, εἰ οὗτος αὐτοῦ εἴη. τοῦ δὲ εἰπόντος μὴ τοῦτον εἶναι ἐκ δευτέρου ἀργυροῦν ἀνήνεγκε καὶ πάλιν ἀνηρώτα, εἰ τοῦτον ἀπέβαλεν. ἀρνησαμένου δὲ αὐτοῦ τὸ τρίτον τὴν ἰδίαν ἀξίνην αὐτῷ ἐκόμισε. τοῦ δὲ ἐπιγνόντος ἀποδεξάμενος αὐτοῦ τὴν δικαιοσύνην πάσας αὐτῷ ἐχαρίσατο. καὶ ὃς ἐπανελόμενος ἐπειδὴ παρεγένετο πρὸς τοὺς ἑταίρους, τὰ γεγενημένα αὐτοῖς διηγήσατο. τῶν δέ τις ἐποφθαλμίσας ἠβουλήθη καὶ αὐτὸς τῶν ἴσων περιγενέσθαι. διόπερ ἀναλαβὼν πέλεκυν παρεγένετο ἐπὶ τὸν αὐτὸν ποταμὸν καὶ ξυλευόμενος ἐπίτηδες τὴν ἀξίνην εἰς τὰς δίνας ἀφῆκε, καθεζόμενος δὲ ἔκλαιεν. Ἑρμοῦ δὲ ἐπιφανέντος καὶ πυνθανομένου, τί τὸ συμβεβηκὸς εἴη, ἔλεγε τὴν τοῦ πελέκεως ἀπώλειαν. τοῦ δὲ χρυσοῦν αὐτῷ ἀνενεγκόντος καὶ διερωτῶντος, εἰ τοῦτον ἀπολώλεκεν, ὑπὸ τοῦ κέρδους ὑποφθὰς ἔφασκεν αὐτὸν εἶναι. κἀκεῖνος αὐτῷ οὐκ ἐχαρίσατο, ἀλλ' οὐδὲ τὸν ἴδιον πέλεκυν ἀπεκατέστησεν.

C. F. Aes. 183

78. Γέρων καὶ Θάνατος

Γέρων ποτὲ ξύλα κόψας καὶ ταῦτα φέρων πολλὴν ὁδὸν ἐβάδιζε καὶ διὰ τὸν κόπον τῆς ὁδοῦ ἀποθέμενος τὸ φορτίον τὸν Θάνατον ἐπεκαλεῖτο. Τοῦ δὲ Θανάτου φανέντος καὶ πυθομένου, δι' ἣν αἰτίαν αὐτὸν παρακαλεῖται, ὁ γέρων ἔφη· „ἵνα τὸ φορτίον ἄρῃς."

C. F. Aes. 60

79. Πένθους γέρας

Φασί τινα τῶν ἀρχαίων φιλοσόφων εἰσιόντα πρὸς Ἀρσινόην τὴν βασίλισσαν πενθοῦσαν τὸν υἱὸν τοιούτῳ χρήσασθαι λόγῳ, φάμενον ὅτι „καθ' ὃν χρόνον ὁ Ζεὺς ἔνεμε τοῖς δαίμοσι τὰς τιμάς,

klagte, kam Hermes aus Mitleid mit ihm herbei und fragte ihn
nach dem Grund seiner Trauer. Als er diesen erfahren hatte,
tauchte er unter, brachte zunächst eine goldene Axt herauf
und fragte ihn, ob das die seine sei. Der Holzhauer sagte:
„Nein, das ist sie nicht." Hermes tauchte wieder unter,
brachte diesmal eine silberne Axt herauf und fragte wieder,
ob er die verloren habe. Der Holzhauer verneinte es wieder,
und nun brachte Hermes beim drittenmal die eigene Axt
des Holzhauers herauf. Dieser erkannte sie sofort als sein
Eigentum an, Hermes aber freute sich über die Redlichkeit
des Mannes und schenkte ihm alle drei Äxte. Der Mann
nahm sie, ging fort und erzählte dann seinen Gefährten das
Vorgefallene. Da packte einen von diesen der Neid, und er
hoffte das gleiche Glück zu erlangen. Er ging also an den
gleichen Fluß und ließ beim Holzhauen absichtlich sein Beil
in die Strudel des Flusses fallen. Dann setzte er sich hin und
begann zu jammern. Auch ihm erschien Hermes, fragte nach
dem Grund seines Klagens und erfuhr, was geschehen sei.
Als er ihm aber nun ein goldenes Beil heraufholte, sagte der
Holzhauer, von der Habsucht verblendet: „Wahrlich, das ist
mein Beil!" Hermes aber schenkte ihm weder das goldene
noch brachte er ihm das eigene zurück.

78. Der lebensmüde Greis

Ein Greis hatte im Gebirge Holz gefällt und mußte nun
das schwere Bündel den weiten Weg nach Hause schleppen.
Unterwegs überwältigte ihn die Müdigkeit, er warf das
Bündel weg und rief den Tod an. Als aber der Tod erschien
und ihn fragte, warum er ihn gerufen habe, sagte er: „Damit
du mir dies Bündel aufhebst!"

79. Das Ehrenrecht der Trauer

Als die Königin Arsinoe nach dem Tod ihres Sohnes in
stummem Schmerz verharrte, soll einer der damaligen Philosophen sie aufgesucht und so zu ihr gesprochen haben:

οὐκ ἔτυχε παρὸν τὸ Πένθος· ἤδη δὲ νενεμημένων ἦλθεν ὕστερον. τὸν οὖν Δία, ὡς ἠξίου καὶ αὐτῷ τιμὴν διδόναι, ἀπο-
ροῦντα διὰ τὸ ἤδη καταναλῶσθαι πάσας τοῖς ἄλλοις, ταύτην
αὐτῷ δοῦναι τὴν ἐπὶ τοῖς τελευτήσασι γιγνομένην, οἷον δά-
κρυα καὶ λύπας. ὥσπερ οὖν τοὺς ἄλλους δαίμονας, ὑφ᾽ ὧν
τιμῶνται, τούτους ἀγαπᾶν, τὸν αὐτὸν τρόπον καὶ τὸ Πένθος.
᾽Εὰν μὲν οὖν αὐτὸ ἀτιμάσῃς, ὦ γύναι, οὐ προσελεύσεταί σοι·
ἐὰν δὲ τιμᾶται ὑπὸ σοῦ ἐπιμελῶς ταῖς δοθείσαις αὐτῷ τιμαῖς,
λύπαις καὶ θρήνοις, ἀγαπήσει σε καὶ ἀεί τί σοι παρέξεται τοιοῦτον, ἐφ᾽ ᾧ τιμηθήσεται συνεχῶς ὑπὸ σοῦ."

Plut. consol. ad Apoll. 19

80. ῾Ερμῆς καὶ λιθουργός

Γλύψας ἐπώλει λύγδινόν τις ῾Ερμείην.
τὸν δ᾽ ἠγόραζον ἄνδρες, ὃς μὲν εἰς στήλην
(υἱὸς γὰρ αὐτῷ προσφάτως ἐτεθνήκει),
ὁ δὲ χειροτέχνης ὡς θεὸν καθιδρύσων.
ἦν δ᾽ ὀψέ, χὠ λιθουργὸς οὐκ ἐπεπράκει,
συνθέμενος αὐτοῖς εἰς τὸν ὄρθρον αὖ δεῖξαι
ἐλθοῦσιν. ὁ δὲ λιθουργὸς εἶδεν ὑπνώσας
αὐτὸν τὸν ῾Ερμῆν ἐν πύλαις ὀνειρείαις,
„εἶεν" λέγοντα „τἀμὰ νῦν ταλαντεύῃ·
ἐν γάρ με, νεκρὸν ἢ θεόν, σὺ ποιήσεις."

Babr. 30

81. ᾽Αφροδίτη καὶ δούλη

Αἰσχρῆς τις ἤρα καὶ κακορρύπου δούλης
ἰδίης ἑαυτοῦ καὶ παρεῖχεν αἰτούσῃ
ἅπανθ᾽ ἑτοίμως. ἡ δὲ χρυσίου πλήρης,
σύρουσα λεπτὴν πορφύρην ἐπὶ κνήμης,
πᾶσαν μάχην συνῆπτεν οἰκοδεσποίνῃ,
τὴν δ᾽ ᾽Αφροδίτην ὥσπερ αἰτίην τούτων
λύχνοις ἐτίμα καὶ καθ᾽ ἡμέρην πᾶσαν
ἔθυεν ηὔχεθ᾽ ἱκέτευεν ἠρώτα,

* 90 *

„Als Zeus den göttlichen Wesen ihre Ehrenrechte zu-
erkannte, war zufällig die Trauer nicht anwesend. Sie kam
später, als alle Ehren schon vergeben waren. Wie sie nun
auch ein Ehrenrecht forderte, geriet Zeus in Verlegenheit.
Schließlich gab er ihr das Recht auf Klagen und Tränen bei
Todesfällen. Und ebenso wie alle andern Dämonen diejenigen lieben, die ihnen Ehren erweisen, so steht es auch
mit der Trauer. Wenn du sie mißachtest, wird sie dir nicht
nahen, wenn du aber ihr pflichtgemäß die ihr gebühren-
den Ehrengaben, Klagen und Trauergesänge, erweisest, wird
auch sie dich lieben und dir aus den Ehren, die du ihr dar-
bringst, immer wieder Trost spenden.“

80. Hermes und der Bildhauer

Ein Steinmetz bot ein Hermesbild zum Kauf aus.
Zwei Käufer bieten: Einer will als Grabmal
es an des jüngst verstorbnen Sohnes Grab setzen,
der andre will zum Schutzgott ihn als Handwerker.
Doch ist es spät — man kommt zu keinem Abschluß,
und an dem nächsten Morgen soll der Steinmetz
das Bild von neuem zeigen. In der Nacht nun
sieht er den Hermes an des Traums Toren,
der spricht: „Sieh' an, du darfst nun mein Geschick wägen!
Du kannst zum Toten, du kannst mich zum Gott machen!“

81. Aphrodite und die Magd

Ein Mann verliebte einst in seine Magd sich,
obgleich sie wüst und schmutzig war. Er gab ihr,
was sie verlangte, willig. Drum im Goldschmuck
und um die Beine feinsten Purpur nachschleifend,
bot jene frechen Trotz und Hohn der Hausherrin.
Doch Aphroditen, die ihr solches Glück sandte,
beschenkte sie mit Kerzen, und am Altar
lag betend, opfernd, flehend jeden Tag sie,

ἕως ποτ' αὐτῶν ἡ θεὸς καθευδόντων
ἦλθεν καθ' ὕπνους καὶ φανεῖσα τῇ δούλῃ
„μή μοι χάριν σχῇς ὡς καλήν σε ποιούσῃ.
τούτῳ χολοῦμαι", φησίν, „ᾧ καλὴ φαίνῃ".

Babr. 10

82. Ἄνθρωπος θεοὺς κρίνων

Νεώς ποτ' αὐτοῖς ἀνδράσιν βυθισθείσης
ἰδών τις ἔλεγεν ἄδικα τοὺς θεοὺς κρίνειν·
ἑνὸς γὰρ ἀσεβοῦς ἐμβεβηκότος πλοίῳ
πολλοὺς σὺν αὐτῷ μηδὲν αἰτίους θνήσκειν.
καὶ ταῦθ' ὁμοῦ λέγοντος, οἷα συμβαίνει,
πολλῶν ἐπ' αὐτὸν ἑσμὸς ἦλθε μυρμήκων,
σπεύδοντες ἄχνας πυρίνας ἀποτρώγειν·
ὑφ' ἑνὸς δὲ δηχθεὶς συνεπάτησε τοὺς πλείους.
Ἑρμῆς δ' ἐπιστὰς τῷ τε ῥαβδίῳ νύξας
„εἶτ' οὐκ ἀνέξῃ" φησί „τοὺς θεοὺς εἶναι
ὑμῶν δικαστάς, οἷος εἶ σὺ μυρμήκων";

Babr. 117

83. Ἀληθίη

Ὁδοιπορῶν ἄνθρωπος εἰς ἐρημαίην
[παρῆλθεν ὕλην κἀμπλανώμενος ταύτῃ
μόνην κατηφῆ γραῦν τιν' εὗρεν ἑστῶσαν.]
καί φησιν αὐτῇ· „διὰ τίν' αἰτίην, γραίη,
τὴν πόλιν ἀφεῖσα τὴν ἐρημίην ναίεις;"
ἡ δ' εὐθὺ πρὸς τάδ' εἶπεν ἡ βαθυγνώμων·
„ὅτι πρὸ τοῦ μὲν παρ' ὀλίγοισιν ἦν ψεῦδος,
νῦν δ' εἰς ἅπαντας ἐξελήλυθ' ἀνθρώπους".

Babr. 126

bis einmal, als des Nachts die beiden sanft schliefen,
die Göttin ihr im Traum erschien und so sprach:
„Bedank dich nicht bei mir, daß ich dich schön machte —
ich grolle diesem hier, der dich für schön hält!"

82. Menschenwitz

Da einst ein Schiff mit Mann und Maus zugrund ging,
schalt einer ungerecht der Götter Wahrspruch,
die, weil ein einziger Frevler auf dem Schiff war,
so viele andre schuldlos in den Tod sandten.
Noch sprach er so, da kroch, wie oft es vorkommt,
an ihm vorbei ein dichter Schwarm von Ameisen,
die in ein Weizenstoppelfeld zum Schmaus eilten,
und eine biß ihn. Voller Wut umherstampfend,
zertrat er alle. Plötzlich fühlt' er leis sich
von einem Stab berührt und sah den Hermes
in Götterschönheit vor sich stehn, der so sprach:
„Willst du der Götter Urteil über euch schelten,
der so den Richter spielte an den Ameisen?"

83. Die verstoßene Wahrheit

Ein Mann, der in dem dichten Walde fehlging,
fand plötzlich sich in einer wilden Einöde,
und vor ihm stand ein Weib in tiefer Trauer.
„Warum", so fragt er, „flohst du aus der Stadt fort
und weilst hier einsam, Herrin, in der Wildnis?"
Und sie entgegnet ihm voll tiefer Einsicht:
„Vordem befleckte wenige nur die Lüge,
doch jetzt beherrscht sie die gesamte Menschheit."

V. MENSCHENFABELN

Menschen unter sich

84. Ὁδοιπόροι καὶ ἄρκτος

Δύο φίλοι τὴν αὐτὴν ὁδὸν ἐβάδιζον. ἄρκτου δὲ αὐτοῖς ἐπιφανείσης ὁ μὲν ἕτερος φθάσας ἀνέβη ἐπί τι δένδρον καὶ ἐνταῦθα ἐκρύπτετο· ὁ δὲ ἕτερος μέλλων περικατάληπτος γίνεσθαι, πεσὼν κατὰ τοῦ ἐδάφους νεκρὸν προσεποιεῖτο. τῆς δὲ ἄρκτου προσενεγκούσης αὐτῷ τὸ ῥύγχος καὶ περιοσφραινομένης τὰς ἀναπνοὰς συνεῖχε· φασὶ γὰρ νεκροῦ μὴ ἅπτεσθαι τὸ ζῷον. Ἀπαλλαγείσης δὲ ⟨αὐτῆς ὁ ἕτερος⟩ καταβὰς ἀπὸ τοῦ δένδρου ἐπυνθάνετο αὐτοῦ, τί ἡ ἄρκτος πρὸς τὸ οὖς εἴρηκεν. ὁ δὲ εἶπε τοῦ λοιποῦ τοιούτοις μὴ συνοδοιπορεῖν φίλοις, οἳ ἐν κινδύνοις οὐ παραμένουσιν.

C. F. Aes. 66

85. Ὁδοιπόροι καὶ πέλεκυς

Δύο ἐν ταὐτῷ ὡδοιπόρουν. θατέρου δὲ πέλεκυν εὑρόντος ὁ ἕτερος ἔλεγεν· „εὑρήκαμεν." ὁ δὲ ἕτερος αὐτῷ παρήνει μὴ λέγειν „εὑρήκαμεν" ἀλλ᾽ „εὕρηκας". μετὰ μικρὸν δὲ ἐπελθόντων αὐτοῖς τῶν ἀποβεβληκότων τὸν πέλεκυν ὁ ἔχων αὐτὸν διωκόμενος ἔλεγε πρὸς τὸν συνοδοιπόρον· „ἀπολώλαμεν." κἀκεῖνος „ἀλλ᾽ „ἀπόλωλα" εἶπέ· οὐδὲ γὰρ ὅτε τὸν πέλεκυν εὗρες, ἐμοὶ αὐτὸν ἀπεκοινώσω".

C. F. Aes. 68

86. Ἀγαλματοπώλης

Ξύλινόν τις Ἑρμῆν κατασκευάσας προσενεγκὼν τοῦτον εἰς ἀγορὰν ἐπώλει. μηδενὸς δὲ ὠνητοῦ προσιόντος ἐκκαλέσασθαί τινας βουλόμενος ἐβόα, ὡς ἀγαθοποιὸν δαίμονα καὶ κέρδους τηρητικὸν πιπράσκει. τῶν δὲ παρατυχόντων τινὸς εἰπόντος

V. MENSCHENFABELN

Menschen unter sich

84. Freund in der Not

Zwei Freunde zogen dieselbe Straße. Als ihnen plötzlich
ein Bär entgegentrat, kletterte der eine rasch auf einen Baum
und verbarg sich in dessen Zweigen. Der andere warf sich,
als ihn der Bär ergreifen wollte, auf den Boden und stellte
sich tot. Wie der Bär ihn beschnüffelte, hielt er den Atem
an; denn man sagt, daß das Tier Tote nicht anrühre. Richtig
trollte sich der Bär auch davon. Da stieg der andere vom
Baum herab und fragte seinen Freund, was ihm der Bär
denn ins Ohr gesagt habe. Der antwortete: „Suche dir künftig einen Wandergefährten, der in der Stunde der Gefahr
bei dir ausharrt!"

85. Die Wanderer und das Beil

Zwei Wanderer zogen dieselbe Straße. Als nun der eine
ein Beil fand, rief der andere: „Ei, da haben wir etwas Schönes gefunden!" „Bitte", meinte der Freund, „sage nicht:
wir haben gefunden, sondern: du hast gefunden." Kurz
darauf kamen diejenigen, die das Beil verloren hatten, und
bedrängten den, der das Beil hatte. Da rief dieser aus: „Wir
sind verloren!" „Bitte", meinte der Freund, „sage nicht:
‚wir sind verloren', sondern ‚ich bin verloren'! Denn auch
als du das Beil fandest, hast du mir keinen Anteil daran ge-
währt."

86. Der Bildschnitzer in Not

Ein Bildschnitzer hatte ein hölzernes Hermesbild verfertigt
und trug es auf den Markt, um es zu verkaufen. Da sich
aber kein Käufer fand, rief er, um die Leute anzulocken,
aus: „Hier ist ein heilspendender Dämon zu verkaufen, der

πρὸς αὐτόν· „ὦ οὗτος, καὶ τί τοῦτον ὄντα τοιοῦτον πωλεῖς, δέον τῶν παρ' αὐτοῦ ὠφελειῶν ἀπολαύειν;" ἀπεκρίνατο· „ὅτι ἐγὼ μὲν ταχείας ὠφελείας τινὸς ἐπιδέομαι, αὐτὸς δὲ βραδέως εἴωθε τὰ κέρδη περιποιεῖν."

C. F. Aes. 101

87. Πένταθλος κομπαστής

Ἀνὴρ πένταθλος ἐπ' ἀνανδρίᾳ ἑκάστοτε ὑπὸ τῶν πολιτῶν ὀνειδιζόμενος ἀποδημήσας ποτὲ καὶ μετὰ χρόνον ἐπανελθὼν ἀλαζονευόμενος ἔλεγεν, ὡς πολλὰ μὲν καὶ ἐν ἄλλαις πόλεσιν ἀνδραγαθήσας ἐν τῇ Ῥόδῳ τοιοῦτον ἥλατο πήδημα ὡς μηδένα τῶν Ὀλυμπιονικῶν ἐφικέσθαι· καὶ τούτου μάρτυρας ἔφη παρέξεσθαι τοὺς παρατετυχηκότας ἄνδρας, ἂν ἄρα ποτὲ ἐπιδημήσωσι. τῶν δὲ παρόντων τις ὑποτυχὼν ἔφη πρὸς αὐτόν· „ἀλλ', ὦ οὗτος, εἰ τοῦτο ἀληθές ἐστιν, οὐδὲν δεῖ σοι μαρτύρων· αὕτη γὰρ Ῥόδος καὶ πήδημα."

C. F. Aes. 33

88. Φιλάργυρος

Φιλάργυρός τις τὴν οὐσίαν ἐξαργυρισάμενος βῶλον χρυσοῦν ὠνήσατο καὶ τοῦτον πρὸ τοῦ τείχους κατορύξας διετέλει συνεχῶς ἐρχόμενος καὶ ἐπισκεπτόμενος. Τῶν δὲ περὶ τὸν τόπον ἐργατῶν τις παρατηρησόμενος αὐτοῦ τὰς ἀφίξεις καὶ ὑπονοήσας τὸ ἀληθὲς ἀπαλλαγέντος αὐτοῦ τὸ χρυσίον ἀνείλατο. ὁ δὲ ὡς ἐπανελθὼν εὗρε τὸν τόπον κενόν, ἔκλαιε καὶ τὰς τρίχας ἐσπάρασσεν. ἰδὼν δέ τις αὐτὸν ὑπεραλγοῦντα καὶ τὴν αἰτίαν μαθὼν ἔφη πρὸς αὐτόν· „μὴ λυποῦ, ἀλλὰ λαβὼν λίθον ἐν τῷ αὐτῷ τόπῳ κατάθες καὶ νόμιζε τὸ χρυσίον κεῖσθαι· οὐδὲ γάρ, ὅτε ἦν, ἐχρῶ αὐτῷ."

C. F. Aes. 253

den Besitz mehrt." Darauf sagte einer der Umstehenden:
„Und wenn er diese Kraft hat, warum verkaufst du ihn dann?
Du tätest doch besser daran, selbst Nutzen von ihm zu
ziehn." „Ja", entgegnete der Bildschnitzer, „ich brauche
schnelle Hilfe. Dieser aber spendet seinen Segen nur allmählich."

87. Der Prahler

Ein Athlet, der seiner Schlappheit wegen von seinen Mit
bürgern verspottet wurde, wanderte aus und kehrte nach
einiger Zeit wieder in die Vaterstadt zurück. Nun prahlte
er mächtig: er habe in vielen Städten Hervorragendes ge-
leistet, vor allem aber in Rhodos einen Sprung getan, den
kein Olympiasieger übertreffen könne. „Das", sagte er, „können euch die Leute bezeugen, die zugegen waren, wenn sie
einmal hierherkommen." Da sagte einer der Umstehenden:
„Höre du, wenn das wahr ist, braucht es keine Zeugen.
Wohlan, hier ist Rhodos, hier ist auch das Sprungbrett
— also springe!"

88. Der Geizhals

Ein Geizhals veräußerte alle seine Habe und kaufte dafür
einen Goldklumpen. Den vergrub er vor der Stadtmauer
und ging täglich an den Platz, um ihn zu besichtigen. Ein
Arbeiter, der in der Nähe zu tun hatte, beobachtete sein
Kommen und Gehen und erriet die Ursache. Als der Alte
wieder einmal weggegangen war, grub er nach, fand das
Gold und raubte es. Wie nun der Geizhals die Schatzkammer
leer fand, wehklagte er laut und raufte sich die Haare. Das
sah einer und fragte ihn nach dem Grund seines Jammerns.
Als er ihn erfahren hatte, sagte er: „Gräme dich nicht, sondern nimm einen Stein und vergrabe ihn an Stelle des Schat-
zes! Denn auch als du diesen noch hattest, wußtest du ihn
nicht zu nutzen."

89. Γραῦς καὶ ἰατρός

Γυνὴ πρεσβῦτις τοὺς ὀφθαλμοὺς νοσοῦσα ἰατρὸν ἐπὶ μισθῷ παρεκάλεσεν· ὁ δὲ εἰσιὼν ὁπότε αὐτὴν ἔχρισε, διετέλει ἐκείνης συμμυούσης καθ᾽ ἓν ἕκαστον τῶν σκευῶν ὑφαιρούμενος. Ἐπεὶ δὲ πάντα ἐκφορήσας κἀκείνην ἐθεράπευσεν, ἀπῄτει τὸν ὡμολογημένον μισθόν. μὴ βουλομένης δ᾽ αὐτῆς ἐπιδοῦναι ἤγαγεν αὐτὴν ἐπὶ τοὺς ἄρχοντας. ἡ δ᾽ ἔλεγε τὸν μὲν μισθὸν ὑποσχέσθαι, ἐὰν θεραπεύσῃ αὐτῆς τὰς κόρας, νῦν δὲ χεῖρον διατεθῆναι ἐκ τῆς ἰάσεως ἢ πρότερον· „τότε μὲν γὰρ ἔβλεπον" ἔφη „πάντα τὰ ἐπὶ τῆς οἰκίας μου σκεύη, νῦν δὲ οὐδὲν ἰδεῖν δύναμαι."

C. F. Aes. 57

90. Γεωργοῦ παῖδες

Γεωργοῦ παῖδες ἐστασίαζον· ὁ δ᾽, ὡς πολλὰ παραινῶν οὐκ ἠδύνατο πεῖσαι αὐτοὺς λόγοις μεταβαλέσθαι, ἔγνω δεῖν διὰ πράγματος τοῦτο πρᾶξαι. καὶ παρῄνεσεν αὐτοῖς ῥάβδων δέσμην κομίσαι. τῶν δὲ τὸ προσταχθὲν ποιησάντων τὸ μὲν πρῶτον δοὺς αὐτοῖς ἀθρόας τὰς ῥάβδους ἐκέλευσε κατεάσσειν· ἐπειδὴ δὲ καίπερ βιαζόμενοι οὐκ ἠδύναντο, ἐκ δευτέρου λύσας τὴν δέσμην ἀνὰ μίαν αὐτοῖς ῥάβδον ἐδίδου· τῶν δὲ ῥαδίως κατακλώντων ἔφη· „ἀτὰρ οὖν καὶ ὑμεῖς, ὦ παῖδες, ἐὰν μὲν ὁμοφρονῆτε, ἀχείρωτοι τοῖς ἐχθροῖς ἔσεσθε· ἐὰν δὲ στασιάζητε, εὐάλωτοι."

C. F. Aes. 53

91. Γεωργὸς καὶ παῖδες αὐτοῦ

Γεωργός τις μέλλων καταλύειν τὸν βίον καὶ βουλόμενος τοὺς ἑαυτοῦ παῖδας πεῖραν λαβεῖν τῆς γεωργίας προσκαλεσάμενος αὐτοὺς ἔφη· „παῖδες ἐμοί, ἐγὼ μὲν ἤδη τὸν βίον ὑπέξειμι, ὑμεῖς δ᾽, ἅπερ ἐν τῇ ἀμπέλῳ μοι κέκρυπται, ζητήσαντες εὑρή-

89. Der ungetreue Arzt

Eine alte Frau litt an einer Augenkrankheit und versprach einem Arzt einen bestimmten Lohn, falls er sie heile. Der kam nun täglich zu ihr, salbte ihr die Augen und verband sie. Während sie dann aber mit verbundenen Augen dalag, steckte er irgend etwas von ihrem Hausgerät zu sich und nahm es mit. Schließlich war das Haus ausgeräumt, und da erklärte er die Kur für beendet und verlangte den ausgemachten Lohn. Da sie sich aber weigerte zu zahlen, rief er sie vor den Richter. Vor diesem sagte die Frau: „Es ist richtig, daß ich dem Manne einen bestimmten Lohn versprach, wenn er mich heile. Aber er hat mich nicht geheilt. Denn vor meiner Kur sah ich in meinem Haus alle möglichen Dinge. Jetzt aber sehe ich nichts mehr."

90. Einigkeit macht stark

Ein Bauer suchte seine Söhne, die stets miteinander haderten, lange Zeit vergebens durch Zureden zur Eintracht zu bewegen. Da beschloß er, es mit einem Beispiel zu versuchen. Er forderte sie daher auf, ihm ein Bündel Stäbe zu bringen. Als das zur Stelle war, hieß er sie, das zusammengeschnürte Bündel als Ganzes zu zerbrechen. Die Söhne mühten sich nach Leibeskräften; aber es gelang nicht. Dann schnürte er das Bündel auf und gab ihnen die einzelnen Stäbe. Die wurden mit Leichtigkeit zerbrochen. „So", sagte der Vater, „werdet auch ihr unüberwindlich sein, solange ihr einträchtig seid. Verharrt ihr aber in eurer Zwietracht, so werdet ihr eine leichte Beute der Gegner."

91. Der Schatz im Weinberg

Ein alter Bauer, der fühlte, daß sein Ende herannahe, wollte seine Söhne zu eifrigen Landwirten machen. Daher berief er sie an sein Totenbett und sprach: „Liebe Söhne! Ich verlasse jetzt dieses Leben. Was ich erworben habe, werdet

σετε πάντα." οἱ μὲν οὖν οἰηθέντες θησαυρὸν ἐκεῖ που κατορω-
ρύχθαι πᾶσαν τὴν τῆς ἀμπέλου γῆν μετὰ τὴν ἀποβίωσιν τοῦ
πατρὸς κατέσκαψαν· καὶ θησαυρῷ μὲν οὐ περιέτυχον, ἡ δὲ ἄμπελος καλῶς σκαφεῖσα πολλαπλασίονα τὸν καρπὸν ἀνέδωκεν.

C. F. Aes. 42

ihr alles im Weinberg finden." Die Söhne glaubten, dort sei
ein Schatz verborgen, und gruben nach dem Tod des Vaters
den ganzen Weinberg um. Einen Schatz fanden sie nicht;
aber der wohlbestellte Weinberg trug im nächsten Jahr viel-
fältige Frucht.

DIE AESOPLEGENDE

Äsop, die Verkörperung des fabulierenden griechischen Volksgeistes, entstammt dem Ionien des sechsten vorchristlichen Jahrhunderts. Als dort die Herrschaft der stolzen Adelsschicht zusammenbrach, in deren Palästen einst die Rhapsoden die Gesänge Homers vorgetragen hatten, entstand eine neue Staatsform und eine neue Literatur. In den aufstrebenden Handelsstädten Milet, Ephesos und Samos herrschte jetzt der Demos, und an die Stelle des Epos trat die schlichte Prosaerzählung. Ihre Träger waren die Geschichtenerzähler, die λογοποιοί, die ihr Publikum auf den Marktplätzen der Städte, an den Hafenquais und den Dreiwegen im Lande um sich sammelten. Dieses Publikum aber verlangte nicht von Göttern und Heroen zu hören, sondern ihm behagten besser Märchen aus der Tierwelt, der der naturverbundene Indogermane in seinen Anfängen so nahe stand, oder lustige Schnurren aus der ihn umgebenden Kleinwelt. Diese Geschichten waren oft durchsetzt mit Angriffen auf die Adelswelt, die den Demos niedergehalten hatte. Die Ungerechtigkeit der Großen, die Machtlosigkeit der Schwachen wird stark empfunden und stark betont. So erklärt es sich auch, daß noch über der heitern Fabelwelt des Phädrus oft ein trüber Schatten lastet (vgl. Nr. 51), namentlich wenn er Motive aus der ältesten griechischen Schicht wiedergibt. Dieser kämpferische Ton eignet der griechischen Fabel von Anfang an. Schon im Mutterlande hatte der bäuerliche Dichter Hesiod in der ältesten Fabel, die wir besitzen, — eigentlich mehr einem Gleichnis als einer durchgeführten Fabel — diese Art im Kampf um sein Recht gegen die Fürsten bewährt (Nr. 16). Und wenn der halbblütige Archilochos seinen wortbrüchigen adligen Schwäher Lykambes und seine treulose Braut Neobule züchtigen will, so zeigt er in der Fabel vom Adler und Fuchs, wie Zeus den Treubruch bestraft (Nr. 18a). So ergießt sich nun

eine Flut kernhafter Fabeln, die mit fröhlichster Phantastik von Göttern, Menschen und Tieren Lehrhaftes und Lustiges zu erzählen wissen, von Ionien in alle Welt.

Der Träger dieser Fabeln ist nach der Überlieferung Ä s o p — ein phrygischer Sklave. Was wir aus klassischer Zeit von ihm wissen, ist nahe beisammen. Er war Sklave in Samos (Herodot II 134), wurde dann freigelassen und gab den Samiern in der Form von Fabeln gute Ratschläge (Aristot. rhet. II 20, Nr. 25). Schließlich kommt es in Delphi zu einem Zusammenstoß mit der Priesterschaft, die ihn durch eine Intrige aus dem Wege räumt (Aristoph. vesp. 1446). Aber von einer schweren Seuche heimgesucht, müssen die Delpher Buße zahlen und das Andenken des Äsop wiederherstellen (Herodot, a. a. O.; Aristot. frg. 487 R). Schon hier wird klar, daß dieser Legende, die in zahlreichen Stellen späterer Autoren nur in Einzelheiten erweitert, aber nicht in den Grundzügen verändert wird, der unversöhnliche Gegensatz zwischen der professionellen, der alten Zeit verhafteten Weisheit der Priester und Philosophen und der volkstümlichen Weisheit einer aufstrebenden neuen Zeit zugrunde liegt.

Ihre erste Gestaltung scheint die Legende in einem V o l k s - b u c h v o m P h i l o s o p h e n X a n t h o s u n d s e i n e m w e i - s e n S k l a v e n A i s o p o s gefunden zu haben. Dies Volksbuch verfolgte wie andere — so das vom Wettstreit zwischen Homer und Hesiod oder das von den Sieben Weisen — die Tendenz, die ἀρετή (geistige Überlegenheit) seines Helden darzutun, indem es ihn Weisheit verkünden, Vorzeichen deuten, Rätsel lösen und in politischen und andern Dingen klugen Rat erteilen ließ. Äsop tut das stets in der Form von Fabeln, die also stets einem bestimmten Anlaß ihre Entstehung verdanken. Das hat schon L e s s i n g erkannt und hervorgehoben, daß so das Bild in seinem Rahmen die beste Wirkung tut. In manchen Fabeln ist dieser Zusammenhang heute noch erkenntlich (Nr. 1. 2. 42). Allmählich aber lösten

sich die Fabeln von der Lebensgeschichte ab, und umgekehrt drangen in spätere Gestaltungen des Volksbuchs Fabeln ein, die sicher nichts mit Äsop zu tun haben. Daß Äsop selbst seine Fabeln aufgeschrieben und herausgegeben habe, wird in klassischer Zeit nirgends bezeugt. Erst im Äsop-Roman, der letzten Umgestaltung des Volksbuchs, wird erzählt, Äsop habe beim Abschied von Kroisos seine überall bekannten Fabeln aufgeschrieben und diesem geschenkt. Dieses Volksbuch glauben wir als die Hauptquelle aller späteren Fabulisten zu erkennen, so bei Phädrus und Plutarch im ersten, bei Lukian und Babrius im zweiten Jahrhundert usw. Wenn wir nun versuchen, die Gestalt Äsops im Volksbuch zu umreißen, sind wir bei der Lückenhaftigkeit der Überlieferung gezwungen, schon hier den Äsop-Roman heranzuziehen, der die wichtigsten Teile des Volksbuchs — Äsop in Samos und Äsop in Delphi — nicht wesentlich abgeändert zu haben scheint.

Der Äsoproman liegt in der Hauptsache in drei Fassungen vor, die alle erst aus byzantinischer Zeit stammen. Die ausführlichste ist von Perry[1]), leider erst teilweise, mit ausgezeichneten Verbesserungen des schwerverderbten Textes herausgegeben (= P). Sie steht in einem lange verschollenen bildergeschmückten codex Cryptoferratensis, der sich jetzt in der Bibliothek von Pierpont Morgan wiedergefunden hat. Jünger ist die von Westermann[2]) (= W) und noch jünger die von Eberhard[3]) (= E) herausgegebene.

Die Beliebtheit des Romans zeigt sich auch darin, daß Teile von ihm auf papyris zutage getreten sind, so in einem pap. Berolinensis (zweites oder drittes Jahrhundert) und vor allem in dem pap. Goleniščew (siebtes Jahrhundert), der eine Fassung bietet, die z. T. älter zu sein scheint als P.

---

1) B. E. Perry, Studies in the Text history of the life and the fables of Aesop. Haverford Pennsylvania 1936.
2) Vita Aesopi ed. Ant. Westermann 1845.
3) Fabulae Romanenses ed. Alfr. Eberhard 1872, 226 ff.

DAS VOLKSBUCH

Verfolgen wir nun vom Volksbuch ausgehend, wie sich die Gestalt des Äsop im Lauf der Zeiten wandelt. Wir finden ihn zunächst auf Samos als Sklaven des „Philosophen" Xanthos, dessen akademische Weisheit er mit fröhlichem Mutterwitz übertrumpft. Wie es ihm gelingt, gegen den Willen seines Herrn seine Freilassung zu ertrotzen, und wie er dann an dessen Stelle die führende Rolle in Samos erringt und dies im Kampf mit Kroisos rettet, ersehen wir erst aus dem Roman. Ebenso bleibt sein weiteres Schicksal bis zur Katastrophe in Delphi, d. h. sein Auftreten im größeren Hellas, im Volksbuch und auch in den uns heute vorliegenden Fassungen des Romans im Dunkeln. Der äußere Anlaß zum Zusammenstoß scheint im Volksbuch nicht genauer angegeben gewesen zu sein. Es war eben der polare Gegensatz zwischen zwei Geistesmächten und zwei Zeiten, der tragisch enden mußte. So hilft Apoll mit, den Neuerer zu verderben, indem er gestattet, daß eine goldene Schale aus seinem Tempelschatz heimlich in das Gepäck Äsops gesteckt und dieser dann wegen Tempelraubs verurteilt und getötet wird.

Dieses nicht allzu sicher zu gestaltende Bild Äsops im Volksbuch wird dann in der Folgezeit verschiedentlich abgewandelt. So bei Phädrus. Hier erinnert nur der Eingang von III 3 usu peritus hariolo veracior — mehr als ein Seher weiß der, der das Leben kennt — an den alten Gegensatz zum Priestertum. Er heißt III 3, 14 naris emunctae senex — der kluge Alte, dessen Nase alles spürt — und III 14, 4 derisor potius quam deridendus senex — der Greis, der uns belächelt, nicht belächelt wird. Er ist hochbetagt und wird nun andern Weisen gleichgestellt. Deshalb werden auch unbedenklich bekannte Worte der Philosophen auf ihn übertragen, namentlich die der Kyniker — vgl. III 5, III 19 (Diogenes), III 14 (Antisthenes), app. 18 (Stoa).

Damit tritt Äsop in den ehrfurchtgebietenden Kreis der Sieben Weisen ein, deren Leben und Meinungen neuerdings Bruno Snell mit vollendeter Sachkenntnis fesselnd dargestellt hat, und das Volksbuch vom klugen Sklaven Äsop mündet in das von den Sieben Weisen ein. Er gesellt sich zu ihnen nicht als Gegner, sondern als Schalksnarr, der er schon im Volksbuch war, als gern gesehene lustige Person. So zeigte ihn schon früher eine Komödie Αἴσωπος des Alexis (viertes Jahrhundert), in der er an Solons Gesetzgebung freundliche Kritik übte. Den letzten Nachhall dieses Volksbuchs haben wir im Gastmahl der Sieben Weisen von Plutarch. Das findet bei Periander in Korinth statt, wo sich auch Äsop einstellt, der von Kroisos zu Periander und zum Gott von Delphi abgeordnet ist. Er genießt nicht die gleichen Rechte wie die andern; er sitzt auf einem Schemel zu Füßen des Solon, der ihm gelegentlich liebkosend über das Haar streicht. Offenbar steht dieser als Vertreter einer aufgeklärten Demokratie dem Manne aus dem Volk am nächsten (vgl. oben Alexis!). Äsop tut auch nicht mit, wenn die andern auf die superlativen Fragen „Welches ist der beste Staat?" usw. in wohlabgemessenen Sentenzen ihre Weisheit wetteifernd dartun. Aber er eröffnet die Diskussion, indem er in scherzhafter Form kluge Einwendungen gegen diese Definitionen vorbringt. Er bleibt sich treu und belegt seine Ansicht mit Fabeln, die wie immer an einen bestimmten Anlaß anknüpfen. So erzählt er (cap. 4, 150 A), um Alexidamas, den eingebildeten Bastard des Tyrannen Thrasybul, zu verhöhnen, die Fabel vom Maulesel, der sich einbildete ein Pferd zu sein (Hlm 157), erklärt, warum er es ablehnt, aus dem Becher des Bathykles zu trinken, der „dem Weisesten" geweiht war, und erzählt die vom Wolf, der die Hirten ein Schaf schlachten sah (Hlm 282). Auch andre Unterredner spielen teils ablehnend, teils anerkennend auf seine Fabeln an, und am Schluß wird ihm sogar das Kompliment gemacht, die wichtigsten der bekannten Siebenweisen-

sprüche fänden sich schon in seinen Fabeln. Er aber weist bescheiden darauf hin, daß sich das γνῶθι σαυτόν — Erkenne dich selbst! — des Thales, das ἐγγύα, πάρα δ᾽ ἄτα — Bürgschaft, schon ist das Unheil da! — des Chilon und das μηδὲν ἄγαν — Nichts zu sehr! — des Solon schon bei Homer nachweisen lasse. Das ist literarische Spielerei, aber deutlich ist, wie sich das Verhältnis zwischen dem Vertreter der volkstümlichen Weisheit und denen der Gelehrtenweisheit geändert hat. Aus Todfeindschaft ist freundliche Rivalität geworden. Eine ähnliche Stimmung findet sich auch in dem Epigramm des Agathias anth. Plan. 32 (vgl. das Motto S. 5), wo Lysipp gelobt wird, weil er das Bild Äsops gestaltet habe, — natürlich als Heros, wo die den Sklaven und Barbaren charakterisierende Häßlichkeit abgestreift war — und damit der heitern Muse des Samiers vor dem finstern Ernst der Sieben Weisen den Vorzug gegeben habe.

Aber derselbe Plutarch gibt dann in de sera numinis vindicta 556 F eine Schilderung von Äsops Ende in Delphi, die sichtlich dem Volksbuch entnommen ist. Neu ist dabei der Zusatz, daß Äsop von Kroisos geschickt worden sei, um dem Gott zu opfern und an die Delpher vier Drachmen auf den Mann zu verteilen. Da aber aus unbekannten Gründen zwischen ihm und den Delphern ein Zwist ausgebrochen sei, habe er das Geld zurückgeschickt, da sie dessen nicht würdig seien. Daraufhin hätten ihn die Delpher des Tempelraubs bezichtigt usw. So stehen hier unvermittelt die finstere Legende und ihre humane Abschwächung beim gleichen Autor. Die humane Fassung wird dann weitergebildet von einem geschwätzigen Rhetor aus der Zeit des Libanios, Themistios. Hier ist die alte Gegnerschaft zu Apoll ganz vergessen, Äsop ist im Gegenteil als πάνσοφος diesem geweiht (ἱερός), und Apoll rächt dann auch seinen Tod. Themistios bringt es sogar fertig, den Äsop dafür zu beloben, daß bei ihm Apoll viel milder erscheine und nicht gleich Blitze gegen Hellenen schleudere wie bei Homer. Man sieht, im

vierten Jahrhundert n. Chr. war der Name Äsops nur noch
der eines Weisen, und von der Feindschaft, die zwischen dem
Vertreter volkstümlicher und volksfreundlicher Weisheit und
dem aristokratischen Geistesgott bestand, hatte man keine
Ahnung mehr. Eine Legende ist zerflattert.

Aus dem Volksbuch ist dann in hellenistischer Zeit der
Äsoproman entstanden, der seinerseits bis in spätbyzantini-
sche Zeit mannigfach umgestaltet wurde. Dabei sind, wie
schon gesagt, Abschnitt I und II des Volksbuchs — Äsop
in Samos und Äsop in Delphi — in den Grundlinien bestehen
geblieben, aber der zweite Abschnitt — Äsop bei Kroisos —
hat eine wesentlich andere Gestalt erhalten.

DIE ÄSOPISCHEN FABELN

Wir fügen noch ein kurzes Wort über die Fabeln selbst
bei. Die Charakteristika dieser ionischen Fabeln sind folgende: klarer Aufbau, anschauliche Erfassung der Szene, be-
haglicher Ton der Gespräche auf jener „Elementarstufe der
geistigen Entwicklung, wo der Mensch noch ganz auf du
und du mit Tier und Pflanze und aller Kreatur zu verkehren
vermag" (Crusius). So entstehen Gebilde von wirkungs-
voller Plastik — man denke an Adler und Fuchs im Wipfel
und am Fuß der Eiche (Nr. 20), den Fuchs vor der Löwen-
höhle (Nr. 22), Fuchs und Ziegenbock im Brunnen (Nr. 23),
Fuchs und Holzhauer (Nr. 65), Mensch und Satyr (Nr. 75).
Das ist der ionische Stil nicht nur in der Fabel. Neben Äsop,
dem Geschichtenerfinder (λογοποιός), stehen die Geschichten-
schreiber (λογογράφοι) Xanthos, Charon und andere, die
ganz in derselben Weise vergnügliche Phantasien von grau-
samen und wollüstigen Tyrannen, aber auch von gewöhn-
lichen Sterblichen erzählen. Die ionische Fabel entstammt
demselben Nährboden wie die ionische Novelle, die in Herodot ihren Höhepunkt erreichen sollte in jenen unvergeßlichen

Geschichten von Gyges und Kandaules, von der Brautwerbung des Hippokleides und vom Schatzhaus des Rhampsinit.

Aber neben dem unterhaltsamen Moment steht auch hier schon das Belehrende, richtiger das Grübelnde. Diese Fabeln bringen auch mythologische Phantasien und naturwissenschaftliche Hypothesen namentlich da, wo es sich darum handelt, gewisse Eigenheiten der Tiere und Pflanzen zu erklären — ätiologische Fabeln, wie wir sie aus der Frühzeit aller Völker kennen (Nr. 1, 3, 11, 12. 38).

Von Ionien wanderten die Fabeln hinüber nach Attika, wo eine neue Kunst von durchgeistigterer Art und schärfer umrissener Form entstehen sollte. Auch der Athener lebte von früh auf in der Welt der äsopischen Fabeln. An ihnen lernte der Junge Schreiben und Lesen und die Grundzüge hellenischer Moral (Nr. 11). Seinen Äsop kannte man; Anspielungen auf ihn oder der Vortrag alter oder für den Fall neuersonnener Fabeln fanden stets williges Gehör. Noch im Äsoproman bleiben ja die erbosten Delpher, die den Äsop zum Richtplatz schleppen, fünfmal (oder auch siebenmal) stehn, wenn der Delinquent bittet, ihnen noch eine Fabel erzählen zu dürfen. Die Fabel wird ein wirksames Mittel volkstümlicher Beredsamkeit ebenso wie das Sprichwort, das ihr nahe verwandt und deshalb auch oben in vielen Fällen beigefügt ist.

Wie der Redner in der Volksversammlung, so pflegten auch die Historiker an entscheidenden Stellen ihren Helden Fabeln in den Mund zu legen. Die alte Tradition, daß die Fabel ein Mittel im politischen Streit war, lebt weiter.

Neben den Historikern waren es dann namentlich die Popularphilosophen, die gern mit Fabeln arbeiteten, vor allem die Kyniker, nach deren Ansicht die Tiere natürlicher und damit besser sind als die Menschen. Wir sehen das heute noch bei Horaz, und Lukian und Plutarch sind die Übermittler vieler Aesopica geworden (Nr. 3, 13, 14, 26, 30, 63, 72, 73). So finden wir denn von Herodot bis hinab zum

Byzantiner Tzetzes Fabeln in die Literatur eingestreut, aber immer dem eigenen Stil des Schriftstellers angepaßt, wobei meist der eigentliche Reiz der Fabel verloren geht.

Dichter aber, die nur Fabeln schrieben, gibt es nicht in klassischer Zeit. Phädrus und Babrius, die wir Fabeldichter zu nennen pflegen, sind in Wirklichkeit Rhetorenschüler. Denn unterdessen war die Fabel zu ihrem Unheil in die Hand der Rhetoren gefallen. Nun galt es nicht mehr, eine bedeutungsvolle Geschichte aus der Tier- oder Menschenwelt möglichst eindrucksvoll zu gestalten, wobei sich die „Moral" ganz von selbst verstand — es gibt Fabeln ohne jede Moral (Nr. 45) —, sondern zu einer gegebenen Moral eine Geschichte zu erfinden. Und die Form dieser Geschichte war genau vorgeschrieben: knappe Andeutung der Szene im Eingangssatz, dann die Geschichte selbst in gedrungener Kürze — oder auch „in erweiterter Form" — erzählt, scharf ausgerichtet auf das alles beherrschende Epimythium. So entstand die Unmenge gleichförmiger, nüchterner Fabeln, die uns die Handschriften als „äsopische Fabeln" überliefern (Nr. 13, 28, 36, 57) und die mit Äsop eigentlich nichts mehr zu tun haben.

Seitdem gibt es zwei Gattungen von Fabeln, die poetischen Äsops und die verstandesmäßigen der Rhetoren. An die Vorschriften der Rhetoren halten sich auch die Fabeldichter Phädrus, der deshalb oft zu Unrecht von Lessing getadelt wird, und Babrius. Aber das öde Schema wird ihnen oft zur Last, und sie geben als Poeten der alten Weise Äsops den Vorzug. So bringt Phädrus poesievolle Stücke ganz im Märchenton (Nr. 20, 70) und ebenso Babrius (Nr. 21). Derselbe Zwiespalt zeigt sich auch in der Folgezeit. So oft die Rhetorenschule wieder Fühlung mit der volkstümlichen Erzählung gewinnt, wird der Ton voller, und der Schwank z. B. nähert sich der Novelle.

Auch in der lateinischen Fabeldichtung des Mittelalters, die im wesentlichen auf Phädrus beruht, wird der Stil wie-

der breiter und lebendiger. Für den Ruhm Äsops ist es charakteristisch, daß der Name des Phädrus ganz verschwindet. Überall redet „Aesopus", und so bleibt es in der Folgezeit.

Wir aber kehren noch einmal zur Antike zurück und fragen, wie sich der Urvater des Rationalismus, S o k r a t e s, zu Äsop stellte. Darüber gibt die bekannte Stelle in Platons Phaedon 60 E ff. Auskunft. Wiederholt hat den Sokrates in seinem Leben ein Traumgesicht aufgefordert, den Musen zu huldigen. Aber er hat sich immer nur um die Philosophie gekümmert. Nun in seinen letzten Tagen im Kerker beschließt er, dieser Mahnung zu folgen. Und was ist der Inhalt seiner Gedichte? Ein Hymnus auf Apollo und äsopische Fabeln. In einem Loblied in der alten Form der Rhapsoden nimmt er Abschied von dem hehren Geistesgott, in dessen Dienst er sein Leben lang gestanden hat. Aber neben ihn tritt jetzt sein Gegenpol, der Volksweise, den die unverständige Menge zum Tod verurteilt hat, wie ihn, den Sokrates, selbst. Und so bringt er die Fabeln, die er noch von der Schule her auswendig wußte, in Verse. Diese Verbindung von höchster apollinischer und schlichtester volkstümlicher Weisheit — das ist Hellas!

DIE TUSCULUM-BÜCHER

Antike Autoren im Urtext mit deutscher Übertragung

Stand vom Winter 1944. Mehrere Bände vergriffen